U0111855

大展好書　好書大展
品嘗好書　冠群可期

大展好書　好書大展

品嘗好書・冠群可期

格鬥術 3

防身格鬥
必勝術

呂峰岱 編譯

大展出版社有限公司

前　言

不必依靠他人，自己保護自己

你真的了解生命的可貴嗎？

在安居樂業的日子裡，風平浪靜的生活中，誰也不敢保證，哪一天生命不會面臨危機。生活在這個社會上，特別需要留意的是，當面臨他人故意加害的時候，如何應對？如何保護自己？就像對於地震或颱風等天然災害的危機管理一樣，學習防身術以備不時之需，是現代人非常重要的課題。

本書針對不論女性、年長者，或完全不懂格鬥技巧的人，在面臨危險或遇到麻煩時，透過簡單的練習，即可派上用場的防身術，做簡單易懂的解說。讀者不需要勉強記住每一個招術，請挑選日常生活中比較用得到的部分，優先反覆練習。

請特別注意，武器僅限於防身，禁止非法使用。

目　錄

第一章　希望你了解防身術

・學習防身術前的預備知識

危機四伏的社會

……從日益增加的犯罪當中保護自己……

◈ 殘暴犯罪與陰險犯罪增加

雖然說台灣是治安不錯的國家，但從新聞中可以發現，善良百姓受侵害的殘暴犯罪有增加的趨勢。

現在連外國人的殘暴犯罪也愈來愈多，甚至到謀財害命的地步。

電梯、大眾交通工具等密室性犯罪、利用車輛進行犯罪的行為也時有所聞。

校園裡陸續發生被霸凌者自殺的悲劇。青少年受幫派控制、利用，進行強盜、暴力討債、誘拐少女等非法行為的新聞也層出不窮。諸如此類的陰險犯罪增加，也可以說是當今犯罪的一大特徵。

◈ 危機管理的重要性

危機管理是以自我管理為出發點。

關鍵在於危機管理充斥在我們身旁的危險，不僅僅只有犯罪而已，還潛藏著交通事故、自然災害等等危險因子。甚至可以說我們的日常生活隨時面臨危險。因此，個人的危機管理成為相當重要的課題。

廣義而言，在各種危險當中保護自己免於受傷害，正是防身的目的。

了解攻擊者的動機與目的

……不要讓自己處於不利的環境……

◈ 遊戲感覺的犯罪逐漸增加

攻擊者為什麼要攻擊他人？一定有其動機及目的。

談到攻擊者的動機，從因為芝麻小事而一時衝動，到處心積慮縝密計畫都有。以芝麻小事為例，因為肩膀被碰一下、被對方多看一眼、被嘲笑、本身性格傲慢、無法控制情慾等等，都可能成為攻擊他人的理由。

計畫性的攻擊動機，則往往出自於忌妒、虛榮心、憤恨、復仇、策略或謀略等等。

然而近來情況有點改變，毫無犯罪意圖，只單憑好玩便攻擊他人的年輕人有增多的趨勢。這些人以讓對方感到痛苦恐懼為樂，並且享受犯罪帶來的快感。

如今更出現了以中年多金男子為攻擊對象的「獵殺大叔」、搶奪情侶財物的「獵殺情侶」、利用交友網站欺騙

中年男性的「仙人跳大獵殺」、以拜金男女為目標的「名牌大獵殺」，甚至連第三者攻擊同樣是第三者的「小三小王大獵殺」都上場了。

這些人的倫理觀、道德觀產生偏差，完全以玩遊戲的心態攻擊他人，我們必須保護自己免於受侵犯。

◇ 攻擊者的目的五花八門

攻擊者的目的，可歸納為下列幾項。

1. 奪物劫財。

2. 造成對方肉體上的痛苦。

3. 造成對方精神上的痛苦，使其心生畏懼。

4. 使對方身心俱疲、痛苦不堪，進而奪取財產或權力。

5. 滿足自身的性慾。

6. 奪取對方的性命。

攻擊者會因為不同的目的而採取不同的手段，因此，當下判斷被攻擊的目的，是自我保護的重要條件。

心裡先有個底，了解自己可能因為什麼目的而遭受攻擊，也可以說是自我保護的第一步。

【重點】

攻擊者的動機五花八門，從芝麻小事到精心計畫都有，必須提防道德觀念偏差者帶來的傷害。

倫理道德觀念偏差的人愈來愈多，請務必提高警覺，避免捲入麻煩的漩渦、掉入犯罪的陷阱。

◈ 弱勢者容易成為目標

不論是隨機性犯罪或計畫性犯罪，其下手目標一定是容易成功的對象。

例如，走在路上被他人不小心碰到肩膀，如果對方看起來身強體壯，攻擊者可能就會自認為打不過人家而放棄出手的念頭。一旦對方看起來明顯弱勢，攻擊者的氣燄便高漲起來，想以強者的姿態強壓對方。

對於攻擊者而言，女性、小孩、老人、殘障人士都屬於弱者，容易成為犯罪目標。另外，喜歡用名牌包裝自己的人、愛炫富的人、說話囂張的人，也容易因惹人反感而成為攻擊者的目標。

我們一定要努力避免自己淪為弱勢目標。雖不到嚴以律己的地步，但也希望能過著自律的生活，切勿因過度放縱自己而遭人忌妒，引來他人仇恨。

◈ 容易成為目標的男性類型

1. 感覺缺乏自信。
2. 外表看起來柔弱不堪一擊。
3. 體力不佳。
4. 懦弱、膽小。
5. 溫和、心軟。
6. 內心的煩惱完全顯露於外。
7. 總是擔心這擔心那的，腦筋不會轉彎。
8. 愛講道理，矯揉造作。

9. 狂妄自大，刻意表現出強勢的作風。

10. 做任何事情都想引人注目，表現高調。

11. 崇尚名牌。

12. 不合身份的打扮，出入以高級進口車代步。

13. 過著令人羨慕的奢豪生活。

14. 上了年紀還迷戀女色。

15. 說話不負責任，總是將責任推給別人。

16. 駕駛車輛橫衝直撞，喜歡超速。

17. 一旦坐上駕駛座就像變了個人似的，完全不考慮其他乘客的感覺。

18. 金錢萬能的處事態度。

◇ 容易成為目標的女性類型

1. 服裝過度華麗，引人側目。

2. 穿著暴露。

3. 濃郁的香水味，吸引異性注意。

4. 崇尚名牌。

5. 佩戴價值不斐的飾品。

6. 炫耀自己美麗的容顏或身材。

7. 對男性欠缺警戒心，喜歡聽男性說讚美的話。

8. 赤裸裸的談論有關性的議題。

9. 靦腆、羞怯、老實。

10. 內心的煩惱完全顯露於外。

11. 言行狂妄自大。

12. 強悍，容易與人發生衝突。

13. 凡事表現高調，引人矚目。

14. 言行輕浮，漫不經心。

15. 態度厚顏無恥，完全不顧慮周圍的人。

16. 夜歸、固定時間行走固定的路線。

「防身能力」自我檢查

…你能安然脫離險境嗎……

你能安然度過日常生活中突發的危機嗎？以下是防身能力自我檢查表，30個項目裡有20項以上打圈，表示你的安全性高，具備化險為夷的適應能力。

15至19項打圈，表示需要多加強，14項以下打圈，代表你的危機處理能力不足，非得要多加把勁認真練習防身術才行。

‧危機管理防身能力檢查（「是」請畫圈）

◇ 精神方面或性格、態度

1. 性格開朗，凡事向前看，屬於受歡迎的類型。

2. 沉著穩定，從容不迫，充滿自信。

3. 看人的眼光在一般水準之上。

4. 腦筋轉得快，注意力集中。

5. 具備冷靜的判斷力與決斷力，也有立刻調整態度

的雅量。

6. 比別人耐力佳、忍耐力強、有自制力。

7. 具備制服對方的自信心。

8. 隨時提醒自己危機管理就是自我管理。

9. 拒絕非法、不向暴力屈服，充滿正義感。

10. 精神富足，保持積極的人生觀。

◈ **身體方面或運動能力**

1. 雙腳有力，跑得快。

2. 心肺功能良好，激烈運動後也能正常呼吸。

3. 身體柔軟度佳，下半身靈活，腰力強。

4. 筋肉彈性佳，具備瞬間爆發力。

5. 反應速度夠快，遇到偶發狀況能立即手腳並用。

6. 伏地挺身連續50次以上。

7. 雙腳有力，交互蹲跳連續50次以上。

8. 腹背有力，仰臥起坐連續50次以上。

9. 後脖子有力，輕鬆完成橋式運動（雙手、雙腳和頭著地，背部拱起的姿勢）10次。

10. 綜合運動能力強，自我管理能力佳。

◈ **生活方面或想法**

1. 平常注重身體健康，每週至少流汗運動一次。

2. 喜歡武術或格鬥技巧，一週練習一次以上。

3. 不靠近危險的場所。

4. 不喜歡與人發生爭執，不道人長短，不與人爭吵。

5. 生活有節制，態度認真勤奮。

6. 避免夜間外出，或單獨走在黑暗的巷道。

7. 不在街道上高談闊論，避免受人矚目。

8. 不輕易表現出內心的好惡，不隨他人的言行起舞。

9. 臨機應變，必要時表現出自己不是好惹的。

10. 體力充沛，必要時發揮行俠仗義的精神。

【重點】

‧了解自己可能因為什麼目的遭受攻擊，是防身的第一步。

‧惹人反感的言行，容易成為被攻擊的目標。

‧女性、老人、小孩、殘障人士、獨居女性等等弱勢者，容易成為攻擊的對象，務必提高警覺自我保護，避免遭受不法侵害。

預測危險的方法

……若能察覺苗頭不對，便能防範於未然……

◈ 遠離危險場所

當今社會上有許多人，不是我們用常理判斷就可以了解的。例如，抱持遊戲心態攻擊他人的年輕人、欺負弱者的暴力集團或地皮流氓、謀財害命的惡霸或逃逸外勞等等。

首先必須了解這些人平常聚集的場所，並且遠離這些是非之地。

研究指出，高達九成的受害者對這類場所的危險性認識不足，通常在毫無防備的情況下遭遇不測。

尤其是在燈紅酒綠的場所飲酒作樂，或是出外旅遊時心情特別放鬆之際，更須格外留意。

◈ 直覺不對立刻離開

判斷危險場所是基本常識，多一分注意，少一分危險，女性更應該謹慎，切勿單獨行動。

一般而言，從當場的氣氛應該能夠辨別是否為危險場所，只要稍微感覺怪怪的，就應該當機立斷轉身離開。保護自己的第一步就是遠離危險場所。

遠離危險人物也是自我保護的基本常識。除了一眼即可辨識的危險人物之外，外表衣冠楚楚、態度親切的紳士，不見得就是正人君子。

但也不是要你將每個人都當成壞人看待，重點在於培養看人的眼光。利用卑劣的手段犯罪的例子時有所聞，對於初次見面者應該提高警覺，細心觀察。

◈ 提升預測危險的靈敏度

走在熱鬧的街道上，很可能危險就在你身邊。眼光交會、肩膀相碰，都容易成為糾紛的根源。

《繁華街道上避免危險的法則》

1. 避免與陌生人四目交會。

2. 即使有人來與你搭訕，也不要隨便附和。

3. 走路時避免與人發生擦撞。

4. 避免酒後喋喋不休、與人糾纏。

5. 避免捲入他人的紛爭當中。

6. 遠離凶神惡煞、地皮流氓。

7. 避免裝扮過度時髦。

想像一片樹葉從空中緩緩飄落的模樣，平常訓練上半身像樹葉般輕盈的擺動，對於閃避對方的攻擊很有幫助。

並非遠離危險場所或危險人物，就能夠保證你一切平安；並非往來於習慣的路線，就能夠保證你萬無一失。任何人都有可能在任何時間、任何地點成為犯罪者下手的目標。

對於加害者的威脅方式先有心理準備，甚至做好萬一遭逢不測該如何脫逃的最壞打算，才算是有萬全的心理準備，很難讓人攻其不備。

這時候必須具備預先察覺危險的能力。雖說遭遇突襲時有可能完全來不及反應，但若能提高警覺，預先模擬可能發生的危險，就能在第一時間逃跑或求助。

每個人都有與生俱來的直覺，而且預感危險發生多半很準確，所以應該努力提升「危險預感的靈敏度」。

【搭訕】也可以解釋為找麻煩。遇到只因他人多看一眼便發飆的人，還是先溜為妙。

【重點】

・遠離危險場所，一旦感覺不對勁就立刻離開。

・一表人才、和藹親切的紳士，不見得就是正人君子。

被攻擊時大喊求助

……救命！殺人！沒人會伸出援手……

◈ **依狀況不同使用不同的求助語言**

被攻擊時該怎麼辦呢？最佳的方法是立即逃離現場，但如果逃不掉怎麼辦呢？方法之一就是「大叫」。

並不是隨便大聲喊叫就會有人伸出援手，必須依照當時的狀況使用有效的言語。假使對方手持凶器，則保持緘默或許是最佳的方式。生命無價，運用智慧隨機應變才是上上之策。

◈ **在擁擠的車廂內大聲呼叫**

以女性為目標的色狼，大約八成選擇在擁擠的車廂中下手。不少女性對色狼的行為選擇忍耐。

色狼犯的是強制猥褻罪。被害人禁聲不張揚只會讓色狼變本加厲，為了防止色狼再犯，被害人有必要勇敢的採取行動。在車廂之類有不特定多數乘客的場所，大聲呼喊「色狼」、「變態」，有助於遏止色狼犯罪。

不論你大喊「色狼」、「變態」、「住手」什麼語詞都行，總之就是要大聲的喊出來。

最有效的方式是邊叫邊指著色狼的臉，這時全車乘客都會朝著妳手指的人看，讓他恨不得鑽進地洞裡。但務必謹慎別弄錯了對象，以免傷害無辜。

可能的話，最好直接抓住色狼的手，在眾人的協助下

扭送警局。色狼多半屬於累犯，逮捕一人即可使多數女性得到救贖。

◈ 大喊「失火」也有效果

暗夜裡，在幽靜的住宅小巷被攻擊時，即使你大「殺人」「救命」，也可能久久等不到幫助，甚至有的人怕遭惹麻煩，連報警都不做。

深夜裡，在人煙稀少處遭遇攻擊，最好的方法就是逃離，如果無法逃離，就想辦法吸引人群出現，察言觀色，見機行事。總而言之，想辦法讓人群靠過來最重要。

這時候大喊「失火了！失火了！」也能誘使附近住戶慌張的打開窗戶，或走出戶外察看。也會有人立即通報119。

◈ 歹徒手持凶器時不可呼叫

如果你遇到的不只是單純的色狼，而是持有刀刃、槍械的歹徒，就千萬不可以大叫了，否則容易引來立即性的危險，最好虛與尾蛇，趁機逃跑後再大聲呼救。

為了生命安全，只能拼命逃跑呼救。想辦法分散歹徒的注意力，趁其疏忽大意時臨機應變、謹慎行事。

【重點】上半身如樹葉從空中緩緩飄落一般輕盈的擺動，是基本防身術中最重要的項目。

‧勇敢揪出色狼，大聲傳達自己受到侵犯。

‧深夜在人煙稀少處遇襲時要大喊「失火」，面對手持凶器的歹徒要冷靜應變。

第二章　防身術的基本動作與基本技術

·應該具備的基本防身術

防身術的基本動作

……防身術的暖身運動和健康操一樣……

◈ 防身術就是自我危機管理術

防身術就是，當我們遭遇危險時，為了保護自己而採取的方法或技術。即使腦海明白，但實際遇到狀況時卻往往一時反應不過來。因此，平常應熟練基本動作，培養基礎體力，遇到狀況身體才能反應自如。

與其說這是單純的技術問題，倒不如說是個人的危機管理術。

◈ 當成健康操練習也頗具效果

防身術是藉由提升基礎體力，達到發揮威力的目的。因此，將防身術的暖身運動或基本動作當成健康操練習，成效驚人。藉由運動身體保持身心的平衡，也可達到社會生活圓滿的效果。

配合不同的年齡、體力、運動能力，堅持下去吧！

基本動作 1─手腕的旋轉運動

• 握住對方的手的基本動作

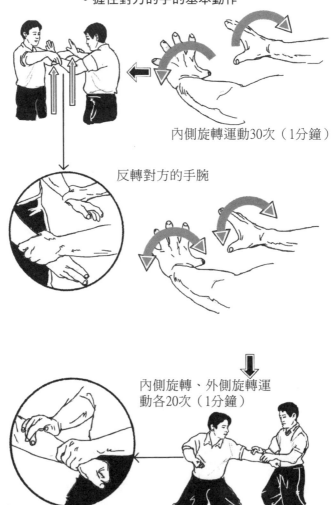

內側旋轉運動30次（1分鐘）

反轉對方的手腕

內側旋轉、外側旋轉運
動各20次（1分鐘）

抓住對方的手臂或手腕

基本動作２─甩水滴運動

上下運動30次（1分鐘）

● 應用在甩手攻擊法

基本動作３─鯉魚擺尾運動

左右30次上下30次
（2分鐘）

‧應用在招架和攻擊的連續動作
（掌底招架→弧拳攻擊）

基本動作４—甩手臂運動

全身放鬆，向左右各甩
20次（1分鐘）

● 應用在推開對方的纏鬥攻擊

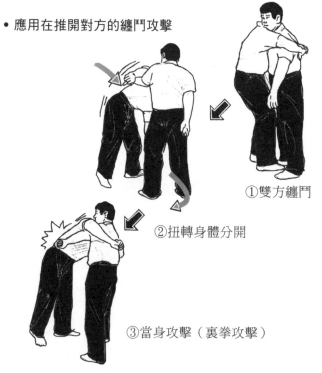

①雙方纏鬥

②扭轉身體分開

③當身攻擊（裏拳攻擊）

基本動作５─伏地挺身

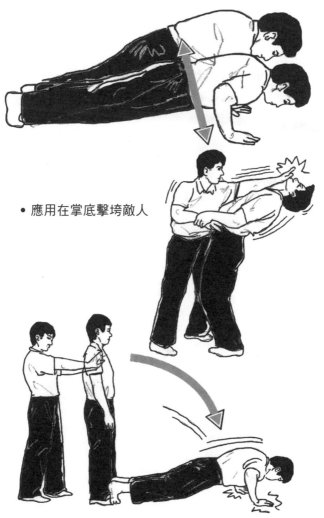

● 應用在掌底擊垮敵人

● 被人從後方推倒的時候，應用在前護身倒法

基本動作６─雙手拍蓆腹筋運動

雙手拍蓆腹筋運動20次（1分鐘～1分30秒）。
起身動作快速可以強化腹筋

● 被推倒的時候，應用在後護身倒法

基本動作７—膝碰胸運動

左右各10～30次（1～2分鐘）

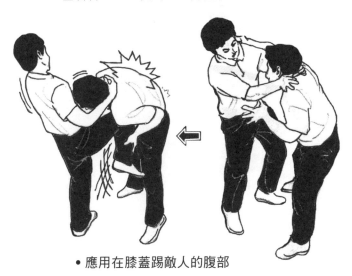

●應用在膝蓋踢敵人的腹部

基本動作８─翻筋斗運動

翻筋斗運動10次（1分鐘～1分30秒）

● 被甩拋的時候，應用在旋轉護身倒法

基本動作９—蹲下踢腿運動

連續10～30次（1～2分鐘）強化足腰

• 應用在踢落刀刃

• 應用在踢股溝

基本動作10─反覆側跳

④　⑤　①　③　②

反覆左右側跳連續30～50次
（1分鐘～1分30秒）

● 向左右快速閃躲敵人的攻擊。
　利用假想敵練習效果更好

基本動作11─雙腳交互運動

雙腳交互運動反覆
30～50次
（1～2分鐘）

● 被壓制的時候，身體快速閃開。
　應用在巧妙迴避踢、戳、武器攻擊

基本動作12─慢跑

● 有助於快速逃跑
①敵人出現，立刻逃跑
②被擋住退路，趁機給敵人
　一拳後立刻逃跑

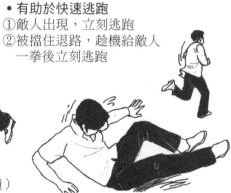

跑步2～5公里
（10分鐘～20分鐘）

基本動作13—雙腳運動

- 閃避敵人攻擊的訓練
  模仿拳擊練習30～50次
  （1分鐘～1分30秒）

雙腳運動左右快閃

後退快閃

基本動作14─揮舞木劍

- 單純揮舞50～200次（2～8分鐘）
- 緊急時刻奮力一擊，效果超強

- 瞬間打落敵人的刀刃

基本動作15─甩雙節棍

- 左右手內轉、外轉8字型各100次（2分鐘）
- 活化手部末梢神經，也可以預防癡呆

- 瞄準目標，一口氣打落敵人的刀刃

基本動作16—滑長棍運動

● 靈活的揮舞長棍
　長棍運動100～200次
　（1分30秒～3分鐘）

①隨時將長棍分
　3等份握住。

②左右交互180度
　旋轉長棍。

③雙手平均握住
　長棍，反覆上
　段攻擊。

基本動作16─滑長棍運動

● 應用在敵人持木劍或鐵管
攻擊的時候

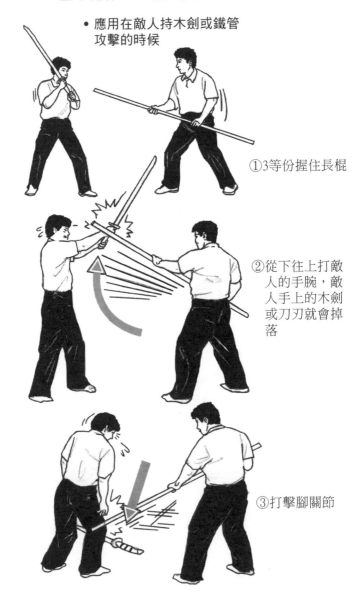

①3等份握住長棍

②從下往上打敵
人的手腕，敵
人手上的木劍
或刀刃就會掉
落

③打擊腳關節

遭遇襲擊時從這裡下手

　　……人體的致命點、要害在這裡……

◈ 先了解人體的致命點

　　人體分為可藉由鍛鍊強化的部位和不可藉由鍛鍊強化的部位，後者稱為「要害」。其中，被打傷後容易致命的部位稱為「致命點」。

　　人體有657處致命點，最具代表性的是股溝、眼睛、咽喉（秘中）。只要致命點受到攻擊，不論身體再怎麼強壯的人都會立刻倒下。

◈ 致命點起源於中國

　　人體有很多「穴」。古代中國發現稱為「十四經絡」的針灸穴道，十四經絡的起止穴位各有循行的路線，每經又有若干穴位，這些穴位統稱「經穴」，經穴總共有361個。

　　各經的穴數如下：

　　①手太陰肺經穴—左右各11穴位。②手陽明大腸穴—左右各20穴位。③足陽明胃經穴—左右各45穴位。④足太陰脾經穴—左右各21穴位。⑤手少陰心經穴—左右各9穴位。⑥手太陽小腸經穴—左右各19穴位。⑦足太陽膀胱經穴—左右各67穴位。⑧足少陰腎經穴—左右各27穴位。⑨手厥陰心包經穴—左右各9穴位。⑩手少陽三焦經穴—左

右各23穴位。⑪足少陽膽經穴─左右各44穴位。⑫足厥陰肝經穴─左右各14穴位。⑬督脈─為單穴，共28穴。⑭任脈─為單穴，共24穴。

傳到日本經由武術家研究出「致命點運用法」，並留下「九所」「久所」古籍經各流派秘密流傳至今。

◈ 正確使用威力無窮

致命點就是能讓對方立即死亡的部位，採取正確的角度、手法，快速的進攻，便可給對方致命的一擊。即便外行人或女性，只要習得此知識與技術，一定能夠保護自己。

必須先了解致命點的正確位置，再配合確實的攻擊技巧，才能讓對方立刻倒下。非致命點則無此效果。

因角度、力道、道具、武器不同，效果也有差異。反覆練習正確的基本動作很重要，即便初學者，經由反覆的練習，也能看到成效。

◈ 致命點可以拿來救命

自古以來，致命點都被當成秘傳武術的「運用術」，但它並非僅侷限於「致人於死」的用途。

在緊急情況下，它也可以被當成「身體復甦法」（急救法之一）使用。這種使意識恢復的方法法稱為「活法」。

【重點】防身術的基本功很重要，請先培養基礎體力，熟練基本動作吧！了解致命點的正確位置，配合確實的攻擊技巧。

‧將防身術中攻擊對方致命點的「致命點運用術」活用於拯救性命，也可說是另一種「活法」。

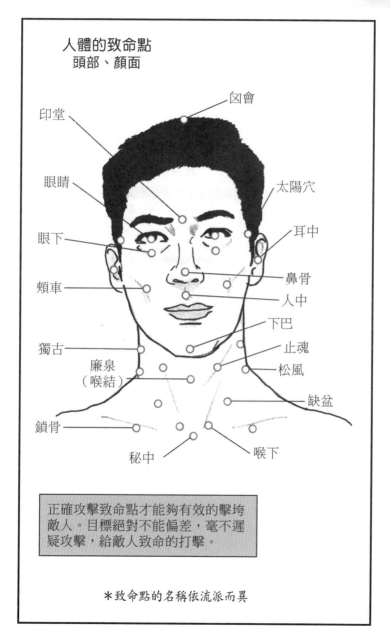

人體的致命點
頭部、顏面

囟會

印堂

眼睛

太陽穴

眼下

耳中

頰車

鼻骨

人中

獨古

下巴

廉泉
（喉結）

止魂

松風

鎖骨

缺盆

秘中

喉下

正確攻擊致命點才能夠有效的擊垮敵人。目標絕對不能偏差，毫不遲疑攻擊，給敵人致命的打擊。

＊致命點的名稱依流派而異

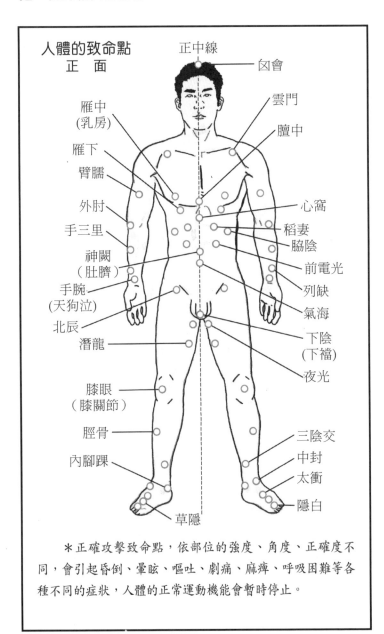

人體的致命點
正　面

正中線
囟會
雲門
膻中
雁中
(乳房)
雁下
臂臑
外肘
手三里
神闕
(肚臍)
手腕
(天狗泣)
北辰
潛龍
膝眼
（膝關節）
脛骨
內腳踝
心窩
稻妻
脇陰
前電光
列缺
氣海
下陰
(下襠)
夜光
三陰交
中封
太衝
隱白
草隱

　＊正確攻擊致命點，依部位的強度、角度、正確度不同，會引起昏倒、暈眩、嘔吐、劇痛、麻痺、呼吸困難等各種不同的症狀，人體的正常運動機能會暫時停止。

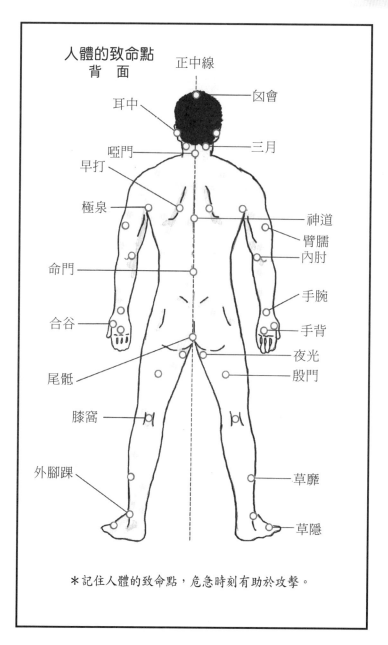

人體的致命點
背　面

正中線

囟會

耳中

三月

啞門

早打

神道

極泉

臂臑

內肘

命門

手腕

合谷

手背

夜光

尾骶

殷門

膝窩

外腳踝

草靡

草隱

＊記住人體的致命點，危急時刻有助於攻擊。

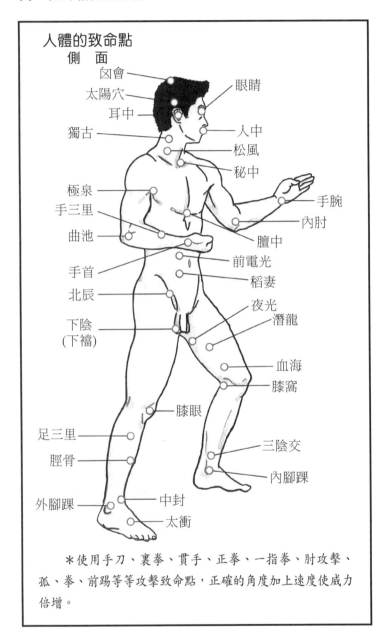

人體的致命點
側　面

凶會
太陽穴
耳中
獨古
眼睛
人中
松風
秘中
極泉
手三里
曲池
手首
北辰
下陰
（下襠）
手腕
內肘
膻中
前電光
稻妻
夜光
潛龍
血海
膝窩
膝眼
足三里
脛骨
三陰交
內腳踝
外腳踝
中封
太衝

　＊使用手刀、裏拳、貫手、正拳、一指拳、肘攻擊、
孤、拳、前踢等等攻擊致命點，正確的角度加上速度使威力
倍增。

解讀對方攻擊，三種「先機」

……何謂先發制人的「先」………

面對挑釁，離開為上上策。但是當環境迫使你無法迴避時，就要先發制人。以下解釋三種「先發」，說明制人的方法。

◇ **對方準備攻擊時**

比對方早一步出手，挫其銳氣。這種做法可以使對方喪失戰鬥意志。

被多數人包圍時，先制伏最強的對手。

這種做法可以壓制對方心理上的優越感，造成對方精神上的混亂。

①先發制人

武術比賽場上想「先發制人」，最重要的是解讀對方內心和呼吸，這一點在防身術上也相當重要。

◇ **雙方同時攻擊時**

雙方同時進攻時，先避開對手的攻擊，同時給予一

②攻其不備

記重擊。這稱為「攻其不備」。

比賽場上常常出現雙方同時進攻的時機，此時先讓對手認為有機可乘，瞬間閃開後給予反擊。這是智慧型的戰鬥方法，若能完全解讀對方的動向和呼吸，在賽場上就能占盡上風，掌握主導權。

◈ 退一步觀察實力

讓對手先進攻，自己向後退一步閃開，仔細觀察對方的實力，這是最安全踏實的戰鬥方式。

假設無法從第一拳判斷出對方的實力，就繼續往左右快閃，接著準備發動自己擅長的攻擊。

面對手持凶器的歹徒攻擊時，這是最有效的防身方法，也是最佳的戰鬥方法。

③以退為進

這種「以退為進」的手法，在不講求好戰的武術精神中，被視為重要的控制方法。不論任何武術流派，都是從「被動」開始。

防身術也是根源於此，遭受攻擊後不得不全力保護自己，因此展開反擊。

───────────

【重點】

「先發制人」：挫其銳氣，使對方喪失戰鬥意志。「攻其不備」：先讓對方趁機攻擊，我方邊閃躲邊趁機反擊。看清楚對方的

實力才開始戰鬥的「以退為進」法，是最安全的戰鬥方式。

・了解「先發制人」「攻其不備」「以退為進」三種先機，即可掌握優勢，達到先發制人的效果。

防禦拳擊、踹踢的方法

……閃過第一拳，準備接下來的攻擊……

◈ 做好防禦，安全性就高

防身術的最佳境界，是在不與對方打鬥的狀況下迴避危險。但是，如果面臨無法逃跑，又不可能呼救的狀況，該如何保護自己呢？這時候，閃避攻擊的防禦法就派上用場了。閃避攻擊之後，便可進行下一步的反擊或逃跑。

成功防禦對方的攻擊之後，精神上就比較從容不迫，也提高了身體的安全性。因此，熟練閃躲的基本功夫非常重要。

儘管防禦法只是暫時避開對方的攻擊，不保證對方不會持續攻擊，也不代表完全脫離險境，但這畢竟這是防身術的基本功夫。

◈ 身體快閃，用手刀抵擋拳頭

攻擊者的手段各有不同，有揮拳、有踢腿，更有揮舞刀刃攻擊的場面。

拳擊防禦法大抵分為三種。遇到攻擊者用拳頭直接攻擊，則身體快閃向外側，用手刀或拳頭招架；遇到勾拳襲

擊，則身體快閃向內側，用手刀或裏拳招架。兩者的關鍵都在於打中對方的肘關節最具效果。

但是，攻擊者不會只揮一次拳，通常是連續性的攻擊，這時候必須採取身體向左右快閃或後退的方式。

假設對方窮追猛打，則配合適當的時機用手刀招架。假設對方朝顏面進攻，則由下往上用手刀招架對方的手腕處。

◇ 身體快閃，避開踹踢的攻擊

遭遇踹或踢攻擊的時候，原則上不要用手部招架。一般而言，腳的力量是手的二倍以上，欠缺紮實武術訓練的人，貿然用手抵禦腿部的攻擊，很容易骨折。

踢腿分為前踢、側踢、迴旋踢三種。

藉由身體左右快閃能夠避開前踢與側踢的攻擊，卻很容易被迴旋踢踢中，此時後退一步可以避開攻擊，讓對方踢腿跟蹌落空，能夠減少踢腿威力至最低的程度。

閃過第一次踢腿攻擊之後，緊接著要準備我方的進攻。此時對方的姿勢瓦解，正是我方有機可乘之際，可以選擇攻擊或逃跑。

【重點】

・巧妙避開對方的攻擊，接下來可以選擇逃跑或反擊。

・利用身體快閃和手刀招架揮拳，但是不能用手部招架踢腿，應該快閃避開腿部的攻擊。

戳撞防禦法⑴
● 直拳攻擊

①與敵人正對。

②身體向外側閃
　開，用手刀或
　拳頭招架。

※用手刀打擊敵人撞過來
　的手臂肘關節（外側肘
　點）致命點效果很好。

戳撞防禦法(2)

● 勾拳攻擊

①與敵人正對。

②身體向內側閃
　開，用手刀或
　裏拳招架。

※用手刀打擊敵人打
　過來的手臂肘關節
　（內側肘點）致命
　點效果很好。

戳撞防禦法(3)

- 連續攻擊

①退一步準備下一次攻擊。

②配合敵人繼續追
　打的時機，用手
　刀上段招架。

※朝顏面過來的攻擊，
　用手刀從下向上招架
　的效果很好。可以利
　用手刀，進一步抓住
　敵人的手臂或衣服。

踹踢防禦法

• 前踢、側踢

②身體左
右瞬間
閃晃。

※彎腰的姿勢使行動遲緩，
容易被攻擊，最好採取一
般姿勢方便閃躲。

①與敵人正對。

• 迴旋踢

退後一步看清敵
人的攻擊實力

※被左右交錯的迴旋踢踢中的機率高，最
好退到攻擊範圍以外的安全位置。

攻擊是最有效的防禦

……遇害前放手一搏徹底進攻……

◈ 給予對方致命性的打擊

遇到自己成為目標，無處可逃的狀況，除了採取防禦姿勢應戰之外，也可以採取先發制人的方法。儘管沒能給對方致命的一擊，很可能就會遭遇對方接下來的攻擊，但是至少「攻擊是最有效的防禦」。

判斷對方可能想殺死你，就要在最壞的結果出現之前，果斷決定是否要先下手為強。

◈ 一氣呵成連續攻擊

一旦決定出手就不能猶豫躊躇，只不過，非武術達人不可能給對方致命的一擊。

攻擊中斷或沒有命中要害，不但毫無效果，反而還惹惱對方，讓自己陷入更危險的境界。因此，缺乏武術底子的人，不能只攻擊一次就鬆懈，一定要徹底連續的攻擊直到對方無法反擊為止。

在正常情況下想襲擊他人的攻擊者，一定不是什麼好人，所以千萬別猶豫，一旦決定採取攻勢，務必連續攻擊直到對方倒地為止。

◈ 擺出架勢反而刺激對方

各種武術都有其獨特的「架勢」，內行人從架勢便可

一窺是屬於某種武術、某種流派以及實力如何。一個人的實力就藏在架勢當中。

開戰時一定要擺出架勢嗎？完整的架勢的確有鎮嚇對方的效果，但反過來說，擺出架勢也代表就戰鬥位置，容易刺激對方的戰鬥心，尤其面對手持凶器的攻擊者，還是不要擺出武術的架勢，寧願選擇使用武器對抗比較安全。

架勢分為「有架勢」和「無架勢」二種。

無架勢讓人看起來無防備，能降低對方的警戒心，便可能出其不意制伏對方。究竟該採取架勢威嚇對方？或無架勢趁其不備？就要靠當場情況隨機應變判斷。

◇ 不能用常理思考窮凶惡極的人

一般人的想法就算再怎麼不同，也都有合乎常理的軌跡可循，但是這種常理思考完全不適用於窮凶惡極的人。

能夠避開這種人最好，萬一不幸遇上窮凶惡極的人攻擊，就只能鼓起勇氣應戰。

遭受沒血沒淚的人的攻擊，自己的性命危在旦夕之際，只能抱持著「以其人之道還治其身」的心態奮力一搏。

＊「攻擊是最大的防禦」，危急時刻不可以猶疑躊躇，必須放手一搏，徹底攻擊。

【重點】無法擊倒對方，就會遭遇對方再度攻擊。一旦採取攻勢，務必連續攻擊直到對方倒下為止。

・不能用一般常理思考窮凶惡極的人，必須勇敢奮戰，以其人之道還治其身。

連續攻擊

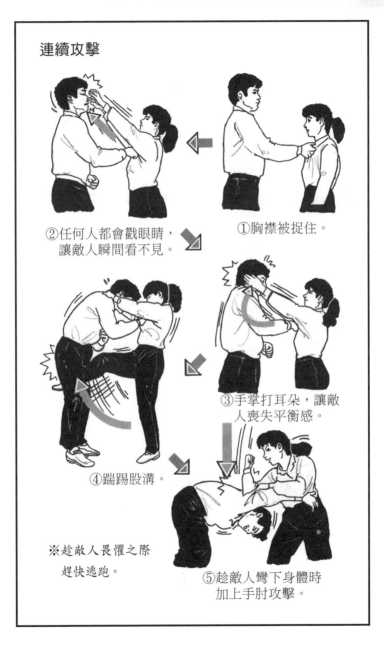

②任何人都會戳眼睛，
　讓敵人瞬間看不見。

①胸襟被捉住。

③手掌打耳朵，讓敵
　人喪失平衡感。

④踹踢股溝。

※趁敵人畏懼之際
　趕快逃跑。

⑤趁敵人彎下身體時
　加上手肘攻擊。

利用自己擅長的運動防身

……能在危急的時候發揮功效的運動技巧……

◈ 藉由運動鍛鍊肌力

喜歡享受運動的人不少，但卻很少有人為了鍛鍊強健的體魄而運動。每個人在學生時代都有上體育課的經驗，嘗試過各種不同的運動，即使是和武術毫無關係的運動，也可以藉由肌肉和反射神經的鍛鍊，在遭遇攻擊的時候，發揮防身的效果。

學生時代的運動多半以競賽為目的，成年人維持運動的習慣，通常是以身體健康為理由。儘管單純的只是為了健康而運動，但是在運動流汗的過程當中，同時也增強了肌肉的強度和耐力。

只要配合你所擅長的運動，加強技術性的練習，就能夠在需要防身的時候運用自如。

平常用來健身的運動技巧，也可以運用在防身術上。

我們沒有理由捨棄這麼好的條件不用，大家一起活用各自擅長的運動吧！

◈ 活用運動做為防身術

因運動項目而異，活用技術各有不同。依照每一種運動使用到的部位差異，被強化的肌肉也不一樣。配合自己擅長的運動技術，巧妙的融入防身術中，一定能給歹徒致

命的打擊。

以下介紹幾種主要的運動活用在防身術的例子。

‧網球、桌球、羽毛球

應用連續對攻的動作。主要有：

① 利用掌底打對方的臉部、心窩、股溝。

② 利用手腕（準備連續進攻）瞄準對方的咽喉、下
　顎、臉部。

③ 利用手掌打對方的雙頰或耳朵。

④ 利用裏拳打擊對方的臉部、耳朵、側腹。

‧排球

活用開球、托球、扣球的技巧。主要有：

① 利用掌底打對方的臉部、心窩、股溝。

② 利用手腕（準備連續進攻）瞄準對方的咽喉、下
　顎、臉部。

③ 利用手指甩打（攻擊眼睛用）。

④ 利用手掌打對方的雙頰或耳朵。

‧橄欖球

活用搶球、阻擋或踢球。

踢球的技巧運用和足球相同，緊急的時候可以藉此逃
跑或閃過對方的攻擊。另外，也可以運用搶球或阻擋的技
巧抱住並摔倒對方。

‧足球

踢球的技巧除了運用在踢對方的股溝、膝關節、脛

骨、側腹以外，更可以有效的發揮腳力逃跑。並且對於閃過對方的攻擊也很有幫助。

・棒球、壘球

一提到棒球就立刻聯想到投球的技巧，這足以讓對方挨上重重的一拳。如果就近能取得球棒之類的棍子當成武器使用更好。

・滑雪

滑雪運動能夠增加雙腳關節的強韌度，有助於輕易閃過對方的攻擊。

・籃球

雙腳的敏捷度能夠讓你輕易的閃開對方的攻擊。傳球和投球的訓練，也讓你的手腕比一般人更加靈活，幫助你在進攻的時候正中目標。

・馬拉松、慢跑、田徑競賽

快人一等的腳程有助你迅速逃離危險，善用雙手擺動的訓練，用手肘痛擊對方的側腹。

・摔角、拳擊、劍術

原本就是屬於格鬥運動，只要原封不動的使用競技技巧，就可以達到防身的效果；反之，也可以當成攻擊的手段，是防身術中運用範圍最廣的運動。

・機械體操

具備綜合性的平衡感、瞬間爆發力、靈敏的動作、柔軟的姿態、肌力訓練等等，完全可以運用在防身術裡。

‧其他各種運動

任何運動均可鍛鍊身心。

配合自己擅長的運動，下功夫練習各種活用法，一定能夠在緊急時刻達到防身術的效果。

【重點】

‧緊急的時候，活用擅長的運動技巧保護自己。

‧任何運動技巧都可能應用在防身術。

‧配合自己擅長的運動，融入運動技巧於防身術當中，給對方重大的一擊。

給予對方痛擊的「實戰招架」

……威力大到在赤手空拳的賽場上被視為犯規行為……

◈ 防禦即攻擊

「防禦」對方的攻擊，也就是「招架」，著眼點在於使自己屹立不搖，而不是使對方倒下。防禦力愈強愈有餘力攻擊對方，能夠依照自己的步調戰鬥，才能立於不敗之地。

「招架」的種類很多，基本上屬於防禦手段。但是，也有「招架」同時攻擊的手法，稱為「實戰招架」，這會造成對方極大的損傷，因此，在赤手空拳的比賽場上被視為是犯規的手段。

◆ 需要堅強的意志

基本上，防身術是弱者受到強者攻擊時使用的防禦手段，因此，當性命遭受威脅之際，即使利用「實戰招架」也無可厚非。

然而，拳法之類的武術或格鬥技術，若沒有達到一定的程度，或者不夠膽大心細、沉著穩定的人，很難應用得宜。

一般人不論運動神經再怎麼靈敏、體魄再怎麼強健，遭遇突擊都會亂了手腳，無法看清對方的攻擊，只有意志力堅強的人才有本事運用「實戰招架」。

【重點】

・「實戰招架」是防禦同時攻擊的技巧，當生命遭受威脅之際，即使利用比賽場上的犯規行為也無可厚非。

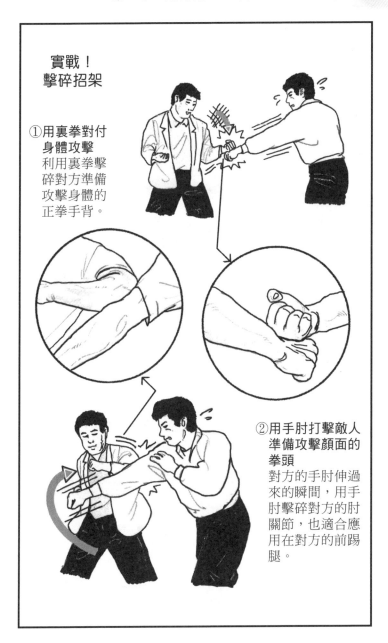

實戰！
擊碎招架

①用裏拳對付
身體攻擊
利用裏拳擊
碎對方準備
攻擊身體的
正拳手背。

②用手肘打擊敵人
準備攻擊顏面的
拳頭
對方的手肘伸過
來的瞬間，用手
肘擊碎對方的肘
關節，也適合應
用在對方的前踢
腿。

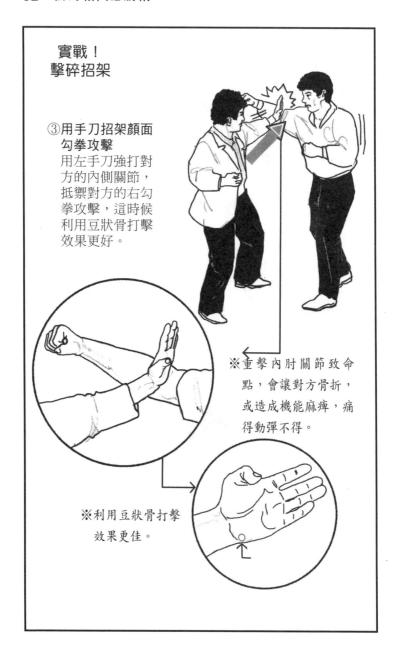

實戰！
擊碎招架

③用手刀招架顏面
勾拳攻擊
用左手刀強打對
方的內側關節，
抵禦對方的右勾
拳攻擊，這時候
利用豆狀骨打擊
效果更好。

※重擊內肘關節致命
點，會讓對方骨折，
或造成機能麻痺，痛
得動彈不得。

※利用豆狀骨打擊
效果更佳。

實戰！
擊碎招架

④用裏拳對付踢股
溝的腿
踢股溝的效果恨
好，是實戰中常
見的技巧。對方
以股溝為目標的
時候，用裏拳重
擊對方的腳背，
位置正確會造成
骨折。

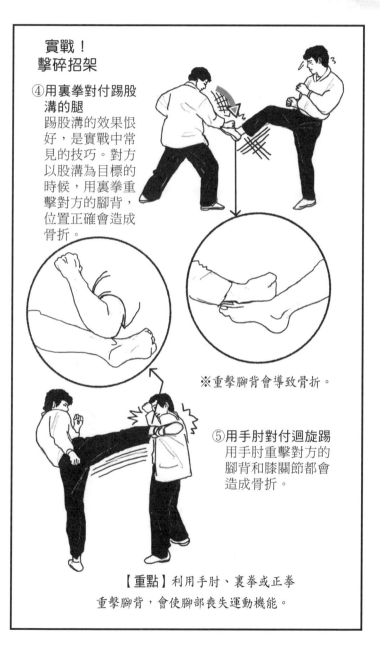

※重擊腳背會導致骨折。

⑤用手肘對付迴旋踢
用手肘重擊對方的
腳背和膝關節都會
造成骨折。

【重點】利用手肘、裏拳或正拳
重擊腳背，會使腳部喪失運動機能。

「手刀的基本說明」

……利用赤手空拳的要領攻擊敵人………

◇ 方便使用的武器

在相撲的摔跤場上，裁判雙手捧著放在指揮扇上面的獎金，優勝者用手刀切下領取獎金，這就是我們常見的手刀。

顧名思義，手刀就是「手指頭伸直，使手部像刀一般使用」。另外，也有五根手指頭分開的用法。

合氣道、柔道是採取五根手指頭分開的方法，利用位於小指頭延長線上手腕附近骨部（豆狀骨）的前端打擊的方法。這需要高度的集中力，訓練過的人不會感覺手痛，卻是強而有力的打擊。

◇ 初學者使用伸直手指頭的手刀比較安全

手刀是隨時可以派上用場的「打擊」武器。其主要部分是小指頭根部到手腕的位置，廣義也指「小指頭尖端至手肘」。

手刀的姿勢是，大拇指向掌心彎曲，緊貼手掌，其餘四指整齊靠緊。使用方法為「赤手空拳」的要領。初學者採用伸直手指頭的手刀比較安全。

【赤手空拳】職業摔跤場上，使用手掌像「切」的姿勢打擊對方的技巧。

手刀的使用方式

手刀的豆狀骨與致命點成
直角能增強威力。

手指整齊的
一般手刀
（空手道）

五根手指分
開的手刀
（柔道、拳擊）

手刀的應用範
圍廣泛，招
架、打擊、挫
扭、衝撞、壓
制、拋投均可
使用。

【重點】初學者採用手指擺整齊的手刀比較安全。

熟練容易活用的「裏拳」

……變化豐富的基本武器……

「實戰招架」一節有稍微提到「裏拳」，它的運用範圍很廣泛。以下模擬情況說明面臨危機之際，「裏拳」如何成為有效的武器。

1. 應付近距離的敵人

基本上打人中（口、鼻之間）。不論雙方的距離遠近，都可以利用手腕、手肘、肩膀應付。

握緊拳頭，發揮和正拳相同的威力。

2. 被勒住脖子時

脖子被勒住的基本應變方法是，彎腰用雙手撞擊對方的肋骨。

原理在於對方的雙手掐住你的脖子，所以他的腹部處於空蕩蕩的狀態。

【裏拳】握拳，以手背的部分攻擊。應用方式很多，效果極佳，經過訓練後，可以產生和正拳相同的威力。

3. 正面中段遭遇正拳的攻擊

基本上身體閃到一旁，以肩膀為軸心揮拳打擊股溝，接著連續打耳朵或鬢角。

另外，請參考「實戰招架」部分遭遇踢腿攻擊的應對。

4. 遭遇來自上方的正拳攻擊

基本上以肩膀為軸心，朝對方的耳朵猛力揮拳，當對方準備攻擊之際，你的肩膀放鬆，利用離心力揮拳打擊對方的要害。

5. 遭遇正拳連續攻擊

對方連續朝身體的「中段」或「上段」攻擊的時候，分別利用「掌底招架」或「手刀上段招架」，緊接著從下往上痛擊對方的下顎。

這個時候最重要的是發揮手腕的速度，從下朝上揮彈。

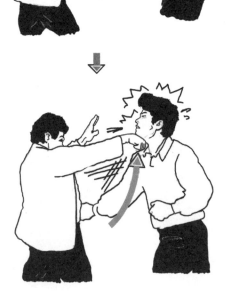

【重點】裏拳可以運用在各種場面，是防身的極佳武器。

‧裏拳的訣竅是，緊握拳頭，利用手腕的靈敏度快速的揮拳。

6. 臉部或頭部連續遭遇攻擊

從內側朝上招架，立刻打中對方的鼻子。扭腰、全身使力可以增強威力。

注意：不正確的握拳方式反而會弄痛自己的手。

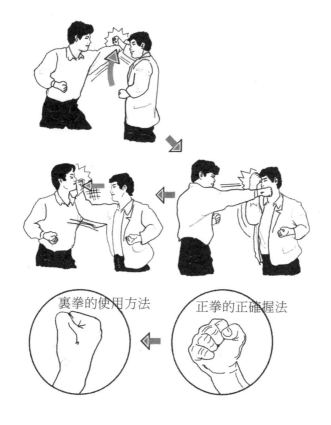

裏拳的使用方法

正拳的正確握法

【重點】四指朝掌心貼緊內彎，大拇指用力壓住食指和中指。不正確的握拳法不但攻擊威力減半，也會弄痛自己的手。握緊拳頭、使用手背的部分就是裏拳。

雙方糾結纏鬥時使用「膝蓋踹踢」

……利用雙方的動作逃離危機……

◇ 最佳脫逃技巧

雙方纏鬥時與身體分開對打時，應對的方法不同。最大的差異點是纏鬥時對方無法使用手部。

因此，首先讓對方亂了陣腳，接著配合雙方的動作，運用膝蓋踹踢的技巧脫離危機。

雙方交互纏鬥，感覺身體好像被對方抬起來時，找機會用膝蓋踢對方，當對方鬆懈時，再用手肘強力打其後頭部。

如果打算進一步發動攻擊，當對方倒下時，用膝蓋加上身體的力量壓制對方的手肘關節處，即可將對方的手肘折斷。

◇ 扭打成一團時

找機會抓住對方的後領子，猛然地往上拉，讓對方的姿勢瓦解，再繼續用膝蓋踢對方的心窩或肋骨。對方一定痛得向前跟蹌，這時候立刻用手腕扣住頸部，將對方扭倒。

對方倒地之後，再用膝蓋打鼻子。

【重點】雙方纏鬥之際，以自己的膝蓋最容易衝撞到敵人的股溝、腹部、胸部、臉部等部位為目標。

身體被抬起來時

①雙方纏鬥。

②用膝蓋重踢腹部。

③對方混亂的瞬間用手肘重擊後頭部。

④用膝蓋加上全身重壓制肘關節。

【重點】只要稍加練習，任何人都會使用膝蓋踹踢的動作。

如上所述，在對方倒地之後仍然繼續痛擊，採取攻勢，就是為了不讓對方有反擊的機會。

因為一時疏忽大意鬆手，無法維護自身的安全。

練習膝蓋踢足球的基本動作

①球抱胸前

②膝蓋用力踢球

【重點】應用膝蓋踢的技巧，可能讓敵人的手肘關節折斷。

＊將基本動作當成健康操練習，很容易持之以恆。

雙方纏鬥時

②一口氣抓起敵人的
　後衣領，用膝蓋踢
　對方的心窩。

①雙方纏鬥。

④膝蓋壓制敵人的顏面。

③扭倒的時候用大拇
　指重壓頸部的致命
　點效果更佳。

【重點】不給敵人反擊的機會，痛擊至對方倒地。正
確擊中要害比較容易制伏對方。

有效活用「手肘撞擊」

……「手肘」是上半身強而有力的武器……

「防身術」是運用身體的各個部位保護自己，以上半身而言，使用手肘的防禦和攻擊，是最強而有力的武器。

以下從各種場面分析「手肘攻擊」的效果。

◇ 頸部被人從後方勒住時

通常背後有人靠近的時候，我們會下意識的感覺出來。

但是也有防不勝防的時候。一般人突然遇到這種情況通常會慌張驚嚇，在了解手肘攻擊的威力之後，情勢就可以扭轉過來了。

首先要沉著，稍微彎腰、手肘彎曲，攻擊對方的心窩或肋骨，另外一隻手同時幫忙更加有效。

頸部被人從後面勒住時，用手肘重擊對方的心窩或肋骨。

＊雙手手肘一起攻擊威力倍增。

◆ 被侵犯腋下、胸部時

　　歹徒從後方靠近，想踫觸腋下、胸部的時候，使用手肘從下往上打擊對方的下顎。

　　下顎是非常脆弱的部分，歹徒受到打擊會痛苦不堪，但是如果沒有命中，恐怕將遭遇對方更嚴重的反擊，所以務必冷靜一拳擊中要害。

　　如果歹徒身高過高，就改用手肘打對方的腹部。

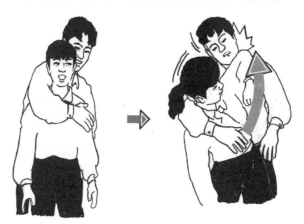

腋下、胸部被侵犯時，手肘從下
往上重擊對方的下顎。

◆ 歹徒從前方靠近時

　　一般人對於從前面來的攻擊者，反而比較缺乏防備。確實就有歹徒會突然過來找麻煩，或做出侵犯的動作。

　　【重點】下顎是非常脆弱的部位，能夠命中是很大的打擊。
　　·被人從背後勒住脖子的時候，攻擊對方的心窩或肋骨。被碰觸腋下或胸部的時候，攻擊對方的下顎。

例如，突然被親吻，瞬間立刻用手肘從下朝上攻擊對方的下顎。

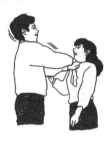

從正面來的攻擊，用手肘打下顎

◈ 歹徒從前方擁抱時

首先要冷靜，接著轉移對方的注意力，以耳朵為目標，手肘從外側用力揮過去。臉部的致命點有雙頰、雙鬢、耳朵三處，耳朵應該是最容易命中的部位。

被從正面抱住的時候，最重要的是後退一步穩定身體。

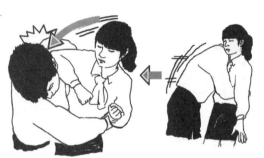

從正面擁抱時，手肘從側面揮打對方的耳朵

【重點】被從前方擁抱的時候，以耳朵、雙頰、鬢角為攻擊目標。被摟住推倒的時候，以後脖子為攻擊目標。

◈ 被歹徒摟住推倒時

突然被摟住的時候，首先最重要的是一隻腳向後退一步，維持身體的穩定。

身體站穩之後，用手肘攻擊對方的後脖子（啞門）。後脖子是交感神經交會處，此部位遭受攻擊會導致腿部神經異常，甚至站不穩。

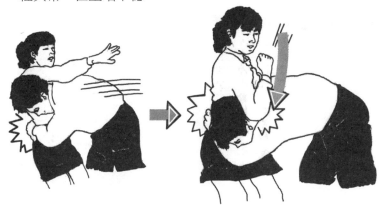

快跌倒時，手肘重擊對方的後脖子

◈ 正面打過來時

如果是突然打起來，另當別論，如果能有些許時間，盡量與對方保持距離，當對方打過來，上半身快閃，一隻手緊握住對方打過來的手腕，並且反轉。

另外一隻手的手肘彎曲，靠著對方的手關節處，這時候只要在對方的關節處施力，就會造成對方骨折。

＊手肘攻擊的威力非常強大，在赤手空拳的格鬥賽場上被視為犯規行為。

　　必須經過某種程度的訓練，才能夠流暢的進行這一連串的攻擊動作。

一手抓住手腕，另一手的手肘重擊關節

　　【重點】盡量和打過來的對象保持距離，這種距離稱為「間隔」，以便看清對方的動作，調整自己的攻擊姿勢。

◈ 對方前踢攻擊時

　　盡量和對方保持適當的距離，當對方踢過來的時候，上半身閃開，接著用一隻手抱起對方踢過來的腳，另一隻手抓緊腳脖子。抱起對方的腳的那隻手手肘彎曲，放在對方的膝蓋上，這時候只要一用力，對方的膝蓋骨就會破裂。

　　手肘撞擊是一項利用價值非常高的武器。和前項相同，必須經過訓練才有辦法流暢的運用這些技術。

①側身招架敵人踢腿

②抓住踢過來的腳脖子

③手肘重擊膝蓋

　　【重點】使用手肘應付打過來的手關節，或是踢過來的膝蓋，都會讓對方痛得動彈不得。

以鼻子、下顎、印堂為目標的「掌底打擊」

……攻擊致命點造成對方嚴重的傷害……

◈ 正確擊中，效果極佳

這裡說的「掌底」有別於手心，是指靠近手腕處，肉比較厚實的部分。

使用指壓也很容易施力，在防身術當中扮演重要的角色。只要正確擊中致命點，就會造成對方極大的傷害。以下舉幾個例子說明。

瞄準鼻子

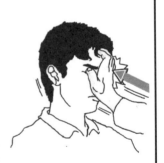

在整個顏面當中，鼻子可以說是僅次於眼睛的致命點，瞄準鼻子，如圖所示用力打擊，則脆弱的鼻梁就會凹陷骨折。正確擊中會造成對方流鼻血，甚至呼吸困難、視力模糊，導致行動遲鈍。

鼻子是僅次於眼睛的臉部致命點

但是歹徒不會靜止不動的讓你打，所以快速正確的打中很重要，不要偏移掉了。

【重點】掌底打擊的威力和正拳相同，是一種不會讓自己手痛的有效的攻擊方式。

瞄準下顎

下顎堅固得足以咬碎食物，相反的，就像我們在相撲中見到的，它也脆弱得經不起從下朝上的攻擊。因此，如圖所示，冷不防的向上打擊，會讓對方的頸部、頭部痛到麻痺。

下顎經不起從下往上的攻擊

另外，從對方視線的死角，胸部直線往下腰際處向上強力打擊，也可以達到衝撞的效果。

瞄準印堂

雙眉之間稱為印堂，用掌底直擊此處，會讓對方痛得眼冒金星，眼前一片黑暗。

印堂被重擊後一時兩眼昏花

再怎麼魁武的男人都經不起這一記重擊。

【重點】攻擊臉部的要害，是任何人都會使用的技巧。

‧掌底打擊瞄準對方的鼻子或印堂，能讓對方受到極大的損傷。如果以下顎為目標，就從沿胸部直線往下的腰際處向上打擊。

針對女性或一般人的擊退法

……原始的方法也能發揮強大的威力……

在各種基本的防身技巧當中，特別介紹幾項針對女性或一般人使用，簡單又有效的技巧。

◇ **瞄準最致命的眼睛攻擊**

人的顏面當中，眼睛特別的嬌弱，這是完全無法鍛鍊的部位，可以說是致命點中的致命點。即使強壯的男人也無法承受眼睛遭受攻擊。

1. 用指尖攻擊眼睛

面臨極近距離的危險狀況，例如被抱緊的時候，用雙手攻擊眼睛，一旦擊中眼球，對方就會痛得三、四天睜不開眼。（圖1）

利用彈的方式使用手指、指尖和掌底攻擊眼睛，力量更強、效果更大。

2. 手指張開甩打眼睛

手腕放鬆，以甩水滴的方式打擊雙眼。這種方式會讓對方睜不開眼，流淚幾小時。（圖2）

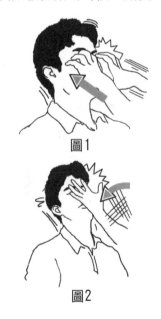

圖1

圖2

3. 用掌底打眉心

重擊印堂，朝著雙
眼上方的眉毛和眼球打
擊，一旦正中目標，對
方就會兩眼昏花暈倒。

出拳的要領講究專
注快速的攻擊。（圖3）

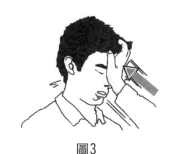

圖3

◈ **手掌打擊兩耳
是女性最大的武器**

雙手鼓起像碗一
樣的形狀，如圖所示打
擊，對方的內耳會感
到劇烈疼痛，喪失平衡
感，舉步困難，也有可
能鼓膜破裂。（圖4）

在千鈞一髮之際，
這項攻擊可說是女性最
大的武器。

力量強大、方法正
確會讓對方瞬間倒下。

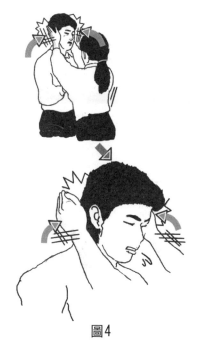

圖4

◈ **用雙手指甲「抓破」**

就如同猿猴的手臂一般，這是最適合女性的簡單攻擊
方法，而且便於連續攻擊，準確性也高。

方法是用指甲拼命抓以眼睛為中心的部位。（圖5）

抓，就只是單純的用手指甲抓對方的臉。

遭受這種方式攻擊的歹徒，顏面一定會受傷，有助於後續的搜查和逮捕。

圖5

◈ 用「手刀打擊」頸動脈造成血液循環不佳

如圖6所示，使用手刀奮力快速的打擊頸動脈，會造成對方因血液循環不佳而倒下。

打擊頸動脈的手刀要使用豆狀骨。手刀使用小指根部的豆狀骨，威力倍增。

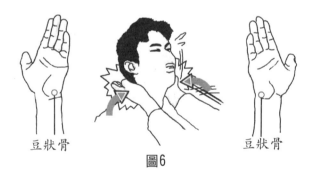

豆狀骨　　　　　　豆狀骨

圖6

◈ 「揮拳打擊」攻擊敵人的死角

揮拳打擊，攻擊敵人的死角，特徵是對方不容易察覺。瞬間握拳，如同高爾夫球揮桿一般，從下往上朝著對

方的下顎揮出。在打擊的瞬間
握拳，幾乎不會被對方察覺。
（圖7）

圖7

　　利用折疊傘或皮包尖角打
擊更有效果。

　◈ **纏鬥的時候用「大拇
指戳」**

　　用大拇指和一指拳攻擊對方，是在糾結纏鬥當中最適
合用來逃脫的技巧。（圖8）

　　頸部與耳朵連接處有稱為「獨古」的穴點，雙手用力
往上攻擊，對方會感到劇烈頭痛而倒地。將此攻擊放在連
續擊的第一招特別有效。

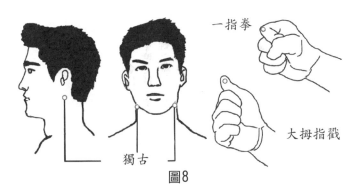

一指拳

獨古

大拇指戳

圖8

【重點】
・戳眼睛、手掌打耳朵、抓扯是適合女性的攻擊手法。
・用手掌打耳朵的時候，雙手要鼓起來成碗型，同時打擊雙耳。
・因瞄準的致命點不同，使用的攻擊技巧也不一樣。

務必牢記「踢股溝」

……確實瞄準男性首要致命點……

◈ 防身的基本在於「踢」

格鬥競技中常見迴旋踢、後旋踢之類「踢」的動作。

在防身術中不需要這類華麗的踢腿方式，講究的是安全確實、不因為失去平衡而遭遇反擊的踢。

在所有的拳法、武術古籍裡，男性的股溝都是主角。

股溝是無法鍛鍊的部位，可以說是男性致命點中的致命點。

股溝遭受打擊甚至可能送命。即使是外行人，只要攻擊正確，一定會讓對方倒下。

使用前踢除了踢股溝以外，踢脛骨或膝蓋也很有效。

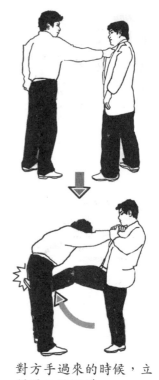

對方手過來的時候，立刻踢他的股溝。

【重點】股溝是男性致命點中的致命點。

前踢的方法

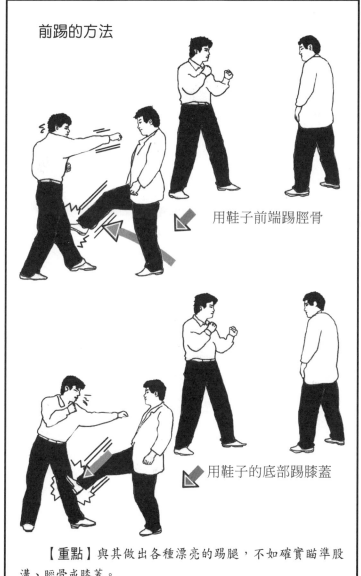

用鞋子前端踢脛骨

用鞋子的底部踢膝蓋

【重點】與其做出各種漂亮的踢腿，不如確實瞄準股溝、脛骨或膝蓋。

面臨危機時的終極手段「貫手」

……比賽場上被禁止的危險技巧……

◇ 手指戳進對方眼睛的粗暴伎倆

「貫手」是手指戳進對方眼睛裡的粗暴伎倆，嚴重的會導致失明，即使弱女子也能夠利用此技巧扳倒敵人。

在性命遭遇威脅的危急情況下，不要猶豫，一氣呵成用貫手對付敵人。

五根手指重疊像鳥嘴啄食，也能發揮威力

競技場上，貫手是被禁止的危險行為。即便是在危險的狀況下，只要生命沒有立即性的危險，最好還是不要使用貫手。

貫手是生命面臨危機的最後防禦手段

以下介紹不得已的場合，貫手的使用方法。

◈ 被人從前方掐住脖子時

被人從前方雙手掐住
脖子的時候，冷靜看準目
標，雙手手指插入對方的
眼睛。

絕對不可以猶豫，否
則就只能任由對方擺佈。
對方如果不是武術專家，
通常從被掐住脖子到斷氣
還有些許時間，必須把握
機會，沉著應對。

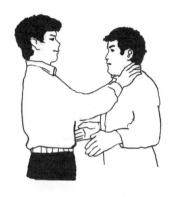

脖子被從正面勒住時，不
要驚慌，用雙手大拇指戳
對方的眼睛。

當對方用雙手或繩子
勒住你的脖子的時候，就已經有殺人的犯意，你一定不能

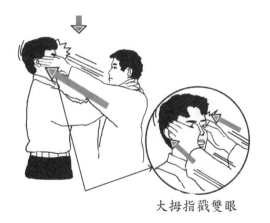

大拇指戳雙眼

【重點】缺乏腕力的女性也能夠輕易的利用貫手扳倒敵人。

猶豫，立即使用貫手保護自己。

◇ **被人從背後勒住脖子時**

被有經驗的柔道專家用雙手從背後勒住脖子時，不太可能掙脫，但這個時候依然不可以慌張，或許他對於戳刺踹踢不在行，也或許他的功夫不精。

趁隙彎腰，一隻手的五根手指伸直，戳進對方的眼睛，另外一隻手的手肘連續打擊對方的肋骨。

遭遇來自背後的攻擊，因為反擊不容易準確命中目標，所以必須連續進攻。

被從後方勒住脖子時，先用手肘
打肋骨，接者連續使用貫手。

◇ 被用繩子勒住脖子時

對方用繩子勒緊你的脖子，毫無疑問就是想殺死妳，妳一定要使出全力奮戰，利用雙手十根手指朝對方的脖子和耳朵中間柔軟的部分（獨古）戳進去，使用正確會令對方氣絕。

敵人想致妳於死地的時候，一定全力勒緊你的脖子，為了避免氣管塞住，你必須一直發出聲音。

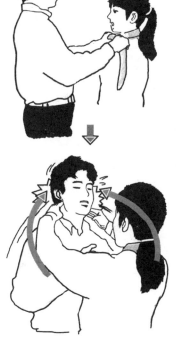

被用繩子勒住脖子時，使用雙手貫手刺進耳朵與頸部之間的獨古。

◇ 被壓倒在地時

被強姦、暴行等目的壓倒在地的時候很難掙脫，躺下的狀態力氣只有平常的一半，對方體型愈大愈難逃脫。

這個時候運用智慧也是一種防身術。假意配合對方，鬆懈其心防，就在對方以為達到目的的一瞬間，伺機利用十指一氣呵成戳進對方的眼裡。

假意配合對方，鬆懈其心防，伺機利用十指一氣呵成戳進對方的眼裡。這需要相當大的膽量，一定要想自己的生命是無價的。

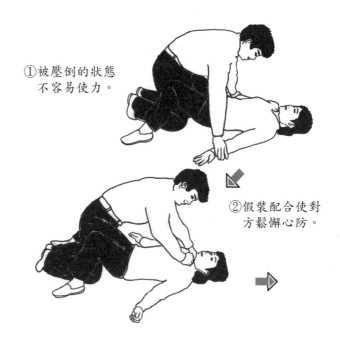

①被壓倒的狀態不容易使力。

②假裝配合使對方鬆懈心防。

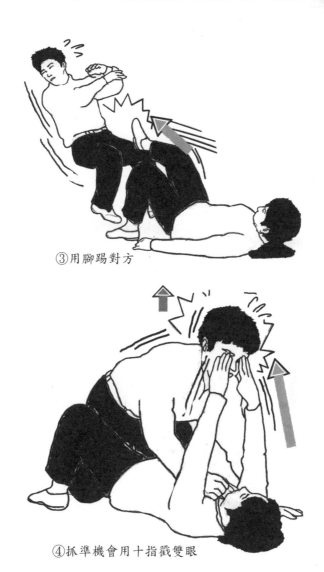

③用腳踢對方

④抓準機會用十指戳雙眼

【重點】察覺生命危在旦夕的時候，採用貫手瞄準對方的雙眼攻擊，以達到脫離危險的目的。

◈ 對方用拳頭攻擊過來時

　　歹徒拳頭打過來的時候，使用手刀招架，握住對方的手腕，另外一隻手使用貫手由下而上戳進對方的眼睛裡。

　　如果你想從正面戳對方的眼睛，對方一定會有警覺而閃開，為了不讓對方警覺，所以從對方身體的死角進攻，採取由下而上的貫手。

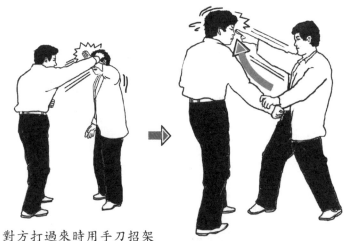

對方打過來時用手刀招架

抓住手腕，一鼓作氣使用貫手

　　【重點】正面攻擊容易被閃過，所以採取從對方的死角，也就是從胸前進攻的方式，五指張開攻擊。

第三章　女性專用防身術

· 女性也會的色狼擊退法

緊急時刻的注意事項

……容易成為目標的裝扮、危險的場所……

◈ 從日常生活開始防範於未然

深夜裡，女性獨自一人走在街道上也不用擔心，這是標榜生活在治安良好的地區，但是不可輕忽，隨時隨地都可能出現攻擊女性的色狼、變態、施暴者。

隨著社會的進步，女性在職場上扮演著重要的角色，又因為社會活動的頻繁，夜歸的女性也愈來愈多，或許是這些因素，導致女性捲入犯罪事件的例子日益增加。

走在路上莫名其妙遇害，不但個人的一生毀了，甚至整個家庭都遭殃。想想看，如果遇害的是自己……

沒有任何人能夠保證自己不會成為歹徒的目標，先具備萬一被攻時有助益的基礎知識，了解如何防身，就能夠在「萬一」的時候自保。

女性容易成為下手目標的場所如下。

◈ 女性容易成為目標的場所

‧通勤途中的擁擠車廂。

‧電影院、劇場。

‧公共廁所。

‧大樓樓梯間、舞台後台。

‧地下室停車場。

‧空地、資材集散場、死巷。

‧暗巷、夜晚公園。

‧ＫＴＶ包廂。

‧旅遊場所。

◈ 被攻擊女性的意識與立場

遭受強制猥褻、強姦等性暴力的女性，身心一定受到極大的傷害。甚至一輩子無法走出恐懼的陰影，痛苦得想要自殺。

遇到這類不幸事件，千萬不要獨自陷於迷惘的深淵，務必尋求專業諮商師的協助，努力走出傷痛，恢復原來的生活。周圍的人也應該協助防止類似事件再度發生。

【重點】

‧在熱鬧的場所遇到色狼尾隨的情況，盡快逃進24小時營業的超商，並報警協助。

‧事先想像遇害的情況，模擬應對的方法，盡量採取謹慎的行動，避免受害。

◇ **避免遇害的注意事項**

1. 避免讓對方有機可趁。

2. 避免穿著過度暴露的服裝，以免挑逗對方。

3. 避免獨自一人走在暗夜小徑。

4. 挑逗性的言語和舉止容易招惹麻煩。

5. 夜歸時事先和家人聯絡，告知時間和行程。

6. 感覺有危險時，盡量利用計程車，或請家人接駁。

7. 夜歸盡量走人車多的街道，也盡可能的變換路線和時間。

8. 慎防甜言蜜語，不要輕易上當。

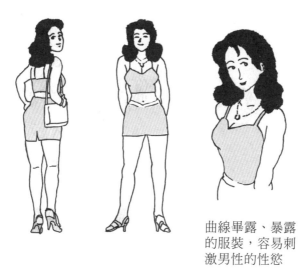

曲線畢露、暴露
的服裝，容易刺
激男性的性慾

容易成為色狼目標的服裝

利用動物的本能傷害對方

……「抓」「咬」「戳」……

◇ 不必訓練就能夠發揮的威力

從觀察動物的生態當中能夠體會出生活的智慧。為了生存，它們具備各種防衛的手段和方法。例如，貓用爪子抓、狗用牙齒咬、鳥用尖嘴啄、牛用角刺等。

人類大概從三歲開始，不用大人教，就具備動物般「抓」「咬」的自我防衛的本能。打、踢、拋等等動作，必須再等幾年，直到骨骼肌肉發達，具備相當程度的知識或訓練後才會。

◇ 冷靜判斷決定結果的好壞

最壞的情況是在毫無防備的環境下遭遇突襲，腦袋一片空白，完全不記得練習過的防身術。

這時也必須在向對方的威力屈服之前，想起抓、咬、戳、刺等等動物自衛的本能。完全不需要經過任何訓練，只要知道重點，就能夠在千鈞一髮之際發揮威力。

不論在任何狀況下被襲擊，一定要相信自己擁有防衛的手段，不要驚慌、不要放棄，冷靜掌握當狀況，妳是不是能夠付諸行動，決定了結果的好壞。

【動物本能】動物與生俱來的性質及行動力。在有限的力量範圍內，利用爪子、牙齒、頭部攻擊敵人的弱點，趁機脫離危機。

◈ 「拉扯」擊退法

利用拉扯讓對方在瞬間受傷，尤其留長指甲的女性，更要好好利用這麼好的武器，意識到自己的力量薄弱，拼命用力的拉扯抓，讓自己脫離危機。

尤其留在對方臉上的抓痕，更是追捕歹徒的好線索。

一直抓到對方畏懼，接著踢他的股溝，進行第二波攻擊，趁著對方倒下的空檔趕快逃跑。

◈ 「咬」擊退法

日本曾經有一位全國輕量級拳擊總冠軍得主，捲入桃色糾紛，結果耳朵被女性友人咬斷，這位冠軍得主回憶當時痛得在地上打滾，應證了「老鼠急了也咬貓」的諺語。

即使手無縛雞之力的女性，在千鈞一髮之際奮力咬斷對方的耳朵、鼻子抵抗，一定能夠迴避危機，千萬不要放棄，務必奮力反抗。

◈ 「戳刺」擊退法

觀察鳥類啄食的模樣，以及與外敵戰鬥的方式，得到利用手指尖攻擊的方法，也稱為啄木鳥攻擊法。

緊急之際，張開十指用彈跳的方式戳刺對方的眼睛，趁著對方的手摀住臉部的時候，再用雙手手掌打對方的耳朵、踢對方的股溝，趁隙脫逃。

【老鼠急了也咬貓】正常情況是貓捉老鼠，老鼠在無處可逃的最後戰場上，也會拼死一搏、咬貓反攻。

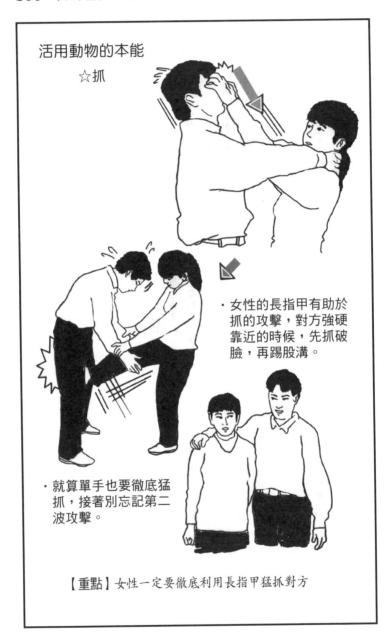

活用動物的本能
☆抓

· 女性的長指甲有助於
抓的攻擊，對方強硬
靠近的時候，先抓破
臉，再踢股溝。

· 就算單手也要徹底猛
抓，接著別忘記第二
波攻擊。

【重點】女性一定要徹底利用長指甲猛抓對方

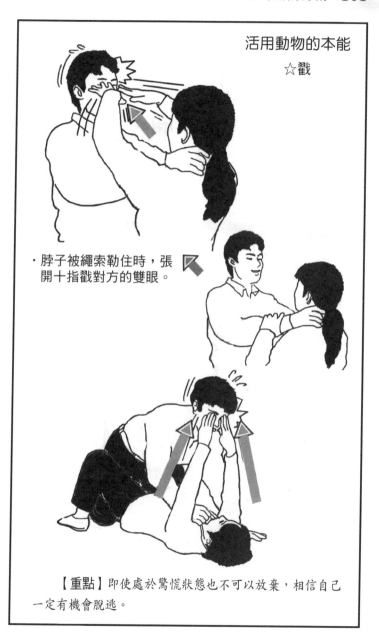

活用動物的本能

☆戳

·脖子被繩索勒住時，張
 開十指戳對方的雙眼。

【重點】即使處於驚慌狀態也不可以放棄，相信自己
一定有機會脫逃。

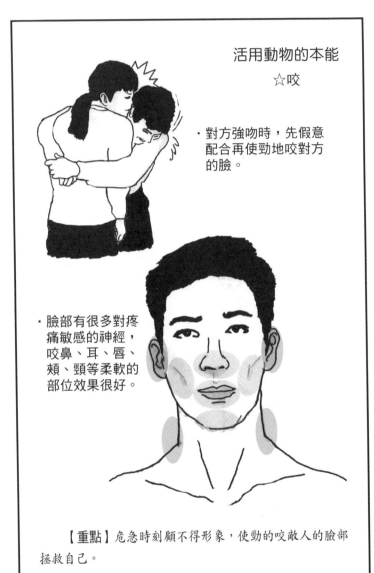

活用動物的本能

☆咬

· 對方強吻時，先假意配合再使勁地咬對方的臉。

· 臉部有很多對疼痛敏感的神經，咬鼻、耳、唇、頰、頸等柔軟的部位效果很好。

【重點】危急時刻顧不得形象，使勁的咬敵人的臉部拯救自己。

只要是皮膚都可以咬

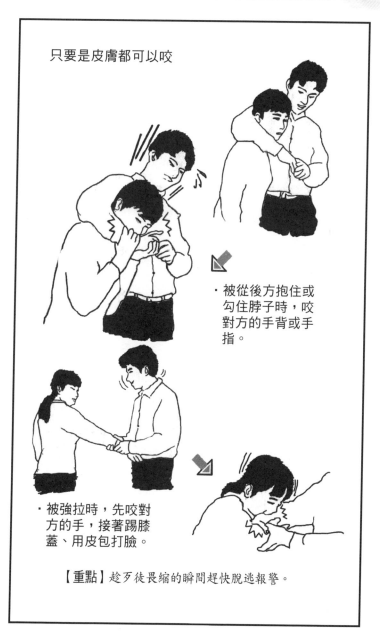

· 被從後方抱住或
勾住脖子時，咬
對方的手背或手
指。

· 被強拉時，先咬對
方的手，接著踢膝
蓋、用皮包打臉。

【重點】趁歹徒畏縮的瞬間趕快脫逃報警。

色狼擊退法（1）

……擁擠車廂內的應付方法……

◇ 不要忍耐，鼓起勇氣行動

通勤通學的擁擠車廂內，ＯＬ或女學生被色狼侵犯的案件層出不窮，尤其是含苞待放的高中女生，或者穿著較性感的女性，容易成為色狼下手的目標。

色狼利用列車搖晃的機會，假裝不小心碰觸女性的胸部、臀部，更有大膽色狼將手伸進裙子內撫摸，或直接觸摸女性的胸部。

這種時候如果女性扭捏畏懼，色狼的行為可能就會持續到電梯。絕對不要忍耐，毅然決然採取應對方法。

◇ 請乘客、駕駛協助

大聲喊叫「有色狼」，如果能同時抓住色狼的手，讓全車廂的人知道這個人意圖不軌，效果更佳。

色狼一定想逃離現場，準備在下一站下車，這時務必請其他乘客協助，合力將色狼扭送站務人員，或請駕駛直接開往警局處理。

色狼有可能不用手碰觸，而是將腳伸入女性的裙子內，這時候可以拿髮夾刺色狼的大腿，色狼一定會痛得跳起來。

【乘客合力】對色狼的行為扭捏隱忍，只會讓色狼變本加厲，必須鼓起勇氣揭穿色狼的惡行，乘客合力擊退車廂色狼。

只要是皮膚都可以咬

・用髮夾刺也是不錯的方法。

・用力擰色狼的腿。

色　狼

・用鞋跟猛踩色狼的腳背。

・切勿暗自哭泣，勇敢大叫「色狼」。

【重點】髮夾、鞋跟都是對付色狼的武器。色狼屬於卑劣的犯罪行為，期待乘客協力扭送站務人員或警局。

色狼擊退法（2）

……在密閉的電梯內遇到襲擊的時候……

◈ 電梯色狼出乎意料的多

我們經常從媒體上看到關於女性人身或財物受到侵犯的報導，其中，對許多女性的身心造成了極大的傷害。

對女性來說，最有效的防護方法，就是加強自己的保護，時時保持警惕，避免將自己置於危險的境地。

女性特別要注意的是，和陌生男性一對一搭乘電梯的時候。

狹窄的密閉空間裡，很容易遭到色狼的騷擾。大部分的電梯為了防範於未然，都裝設監視錄影設備，在案件發生後，有助於掌握嫌犯。

萬一遭遇色狼侵犯，一定要立即報警，提告強制猥褻，姑息養奸的結果只會使得電梯色狼變本加厲，做出更嚴重的性侵行為。

◈ 啟動危險預測能力

不僅在電梯裡面，任何時候都一樣，隨時觀察周圍人的樣子，培養預測危險的能力。

若發生不幸時，一定要鎮定，記得對方的特徵，最好能留下證據。這樣才能把發生意外的可能性降到最低，若不幸發生了意外，也要盡可能將傷害降到最少。

在電梯裡可以做以下的心理準備，防備危機。

◎搭電梯的心理準備

1. 啟動第六感，在第一時間離開。

2. 當電梯內只剩下看似危險人物的人時，立刻在下一個樓層出電梯，搭另外的電梯。

3. 電梯客滿的時候，利用手邊的皮包、雨傘、雜誌等物品保衛自己。

4. 不與感覺危險的人物四目交接。

5. 與陌生男子一對一搭乘電梯時，切勿表現出不安的情緒，要保持泰若自然的態度。

6. 盡量站在電梯按鍵旁邊，以便隨時可以逃出電梯。

7. 腦海模擬最壞的場合，作戰鬥的心理準備。

8. 皮包裡隨身攜帶防身用品。

【第六感】除了視覺、聽覺、嗅覺、味覺、觸覺等五種感決之外，對於事務直接敏銳的內心感覺稱為第六感。

【重點】與陌生男子一對一搭乘電梯特別危險，不可疏忽大意，先模擬好最壞的狀況。

在電梯內遇襲(1)

・雙腳往上蹬，踢牆壁。

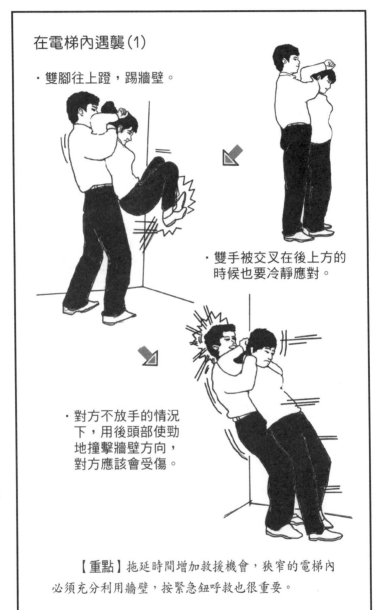

・雙手被交叉在後上方的
時候也要冷靜應對。

・對方不放手的情況
下，用後頭部使勁
地撞擊牆壁方向，
對方應該會受傷。

【重點】拖延時間增加救援機會，狹窄的電梯內
必須充分利用牆壁，按緊急鈕呼救也很重要。

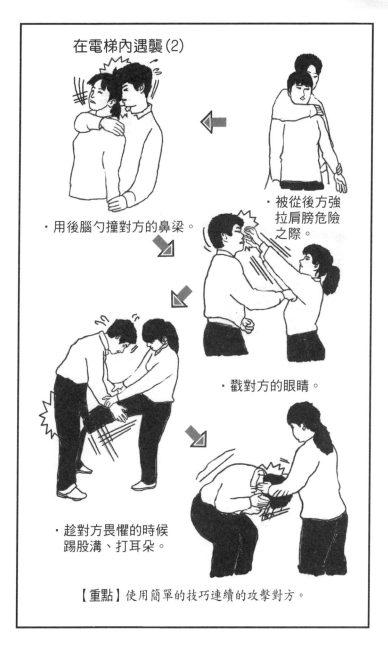

在電梯內遇襲⑵

· 用後腦勺撞對方的鼻梁。

· 被從後方強拉肩膀危險之際。

· 戳對方的眼睛。

· 趁對方畏懼的時候踢股溝、打耳朵。

【重點】使用簡單的技巧連續的攻擊對方。

被對方捉住的時候

……鬆開被捉住的手的方法與攻擊法……

◆ 學會基礎方法就能夠輕易鬆開

具體來說，女性的肌力僅為男性的三分之二左右，速度約為男性的50%～80%，耐力約為男性的60%～80%，而且女性的心血管、呼吸等系統功能都不及男子。

女性在與男性歹徒的搏鬥中，處於敵強我弱的劣勢，不能單純與歹徒正面對抗交手，只能針對歹徒的要害部位進行巧打，才能收到一招制敵的效果。

大多數女性顧慮她們的體力和個頭不如歹徒強壯、高大，但是沒有關係。大膽回擊，好好利用前面所介紹的「拉扯」、「咬」、「戳刺」擊退法，這些方法非常適用於女性。

被對方捉住手臂的時候，如果腦海了解鬆開的方法，就可以不費力氣輕鬆甩開對方的手。

這是日本柔道、合氣道傲人的技巧，確實能夠安全的鬆開對方的手。捉握的方法也有很多種，以下介紹常用的方法。

【捉住手的行為】歹徒捉住妳的手，無非是想拉妳跟著他走到人煙稀少的角落，這時候趕快逃脫才能免於受害。

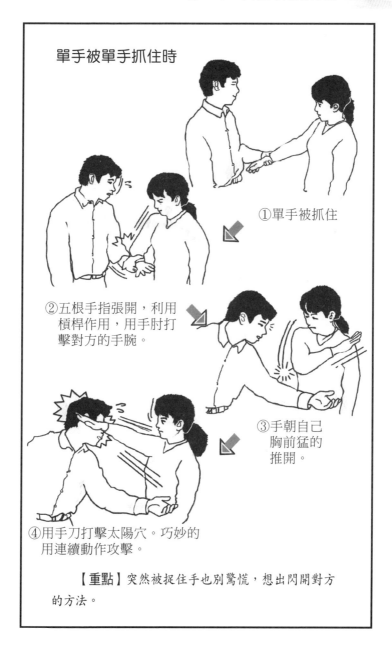

單手被單手抓住時

①單手被抓住

②五根手指張開，利用
　槓桿作用，用手肘打
　擊對方的手腕。

③手朝自己
　胸前猛的
　推開。

④用手刀打擊太陽穴。巧妙的
　用連續動作攻擊。

【重點】突然被捉住手也別驚慌，想出閃開對方
的方法。

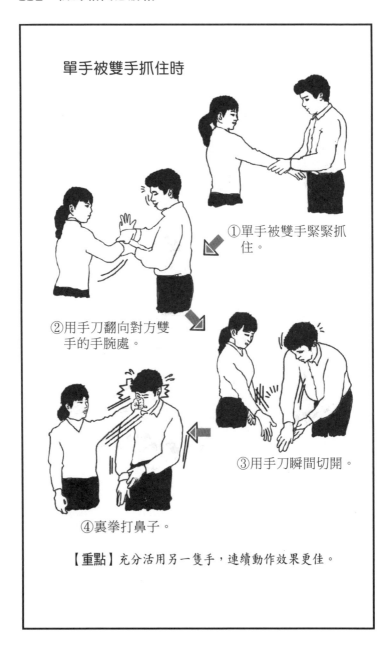

單手被雙手抓住時

①單手被雙手緊緊抓
　住。

②用手刀翻向對方雙
　手的手腕處。

③用手刀瞬間切開。

④裏拳打鼻子。

【重點】充分活用另一隻手，連續動作效果更佳。

前襟被抓住時

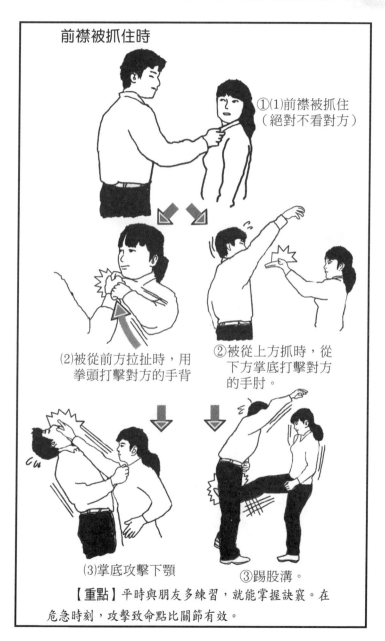

①(1)前襟被抓住
（絕對不看對方）

(2)被從前方拉扯時，用
拳頭打擊對方的手背

②被從上方抓時，從
下方掌底打擊對方
的手肘。

(3)掌底攻擊下顎

③踢股溝。

【重點】平時與朋友多練習，就能掌握訣竅。在
危急時刻，攻擊致命點比關節有效。

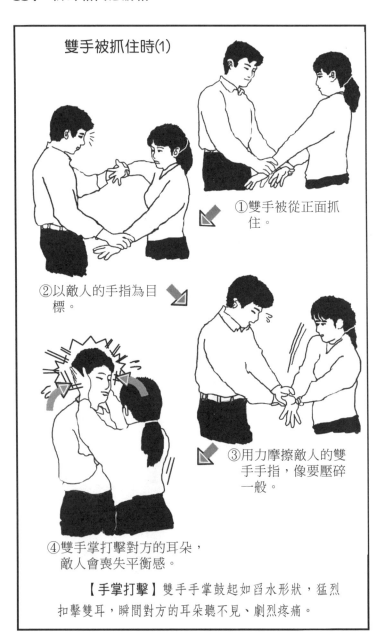

雙手被抓住時(1)

①雙手被從正面抓住。

②以敵人的手指為目標。

③用力摩擦敵人的雙手手指，像要壓碎一般。

④雙手掌打擊對方的耳朵，敵人會喪失平衡感。

【手掌打擊】雙手手掌鼓起如舀水形狀，猛烈扣擊雙耳，瞬間對方的耳朵聽不見、劇烈疼痛。

雙手被抓住時⑵

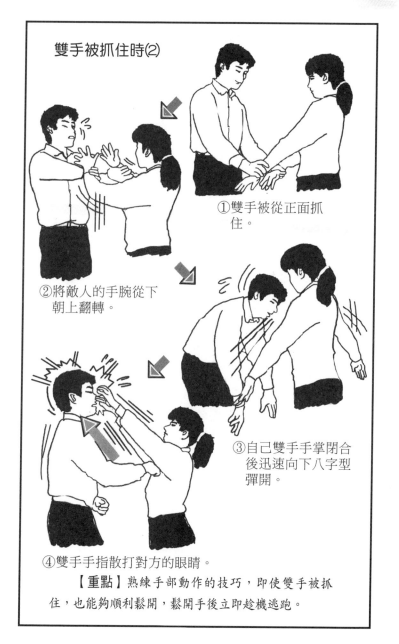

①雙手被從正面抓
　住。

②將敵人的手腕從下
　朝上翻轉。

③自己雙手手掌閉合
　後迅速向下八字型
　彈開。

④雙手手指散打對方的眼睛。

【重點】熟練手部動作的技巧，即使雙手被抓
住，也能夠順利鬆開，鬆開後立即趁機逃跑。

被從正面抱住的時候

........手部無法動彈的應對方法……

◈ 無法用手便用「頭撞」

雙手被對方繞到背後，整個身體被對方緊緊抱住的時候，無法利用手和腳攻擊，又因為和對方太緊密貼合，也無法利用牙齒瞄準目標咬對方。

這個時候就活用「頭撞」逃離危機。頭部先往後，再利用反作用力，用額頭撞擊對方的鼻子。

站立姿勢被抱住的時候，用膝蓋踢對方的股溝、踩他的腳板，再用額頭撞鼻子。連續攻擊更有效果。

另外，被壓倒地的時候，也能夠用頭撞的方式逃脫。

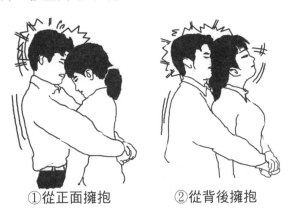

①從正面擁抱　　②從背後擁抱

【應用於各種狀況】被抱住的情況可能發生在電梯裡、暗巷中、房間內等等，手部動彈不得的時候，頭部用力一擊能夠發揮立即性的效果，應用範圍廣泛。

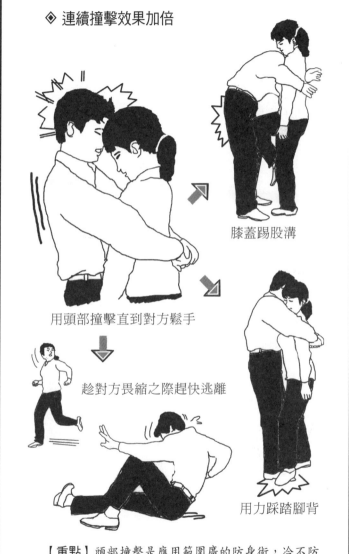

◈ 連續撞擊效果加倍

膝蓋踢股溝

用頭部撞擊直到對方鬆手

趁對方畏縮之際趕快逃離

用力踩踏腳背

【重點】頭部撞擊是應用範圍廣的防身術，冷不防被抱住的時候，活用頭部撞擊逃離危機。

頭部撞擊能夠活用於各種狀況，是應用範圍廣泛的防身術。電梯內、暗巷中、房間裡遭遇襲擊的時候，也適合靈活的運用。

被從背後抱住時

……身體動彈不得的應對方法……

◇ 身體往下滑溜

被歹徒從背後抱住時，如果不知道脫身的技巧，根本無法解脫，尤其是身強體健的歹徒，更令人束手無策。

①(1)雙手張開，像氣球鼓起一般向外側膨脹

這時候的應對方法是，張開雙臂一氣呵成地往下滑，使出「金蟬脫殼」的伎倆，只要雙方的力量不是相差太懸殊，就可以利用這個方法脫身。

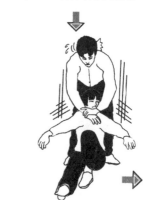

②瞬間像洩了氣的氣球，雙方身體便會產生空隙，順勢往下滑。

【溜下來以後也不能鬆懈】脫身之後不要忘記持續攻擊，身體的反應必須非常地靈敏。

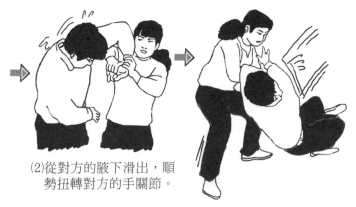

(2)從對方的腋下滑出，順
　勢扭轉對方的手關節。

(3)將手關節向下扭板倒對方。

③滑到地板的同時腳往上
　踢對方的臉。

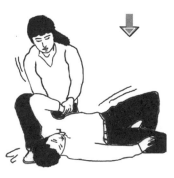

(4)手肘從上方攻擊，折斷
　對方的手。

　　【重點】被歹徒從背後抱住的時候，不要費力做無謂的
掙扎，記住滑脫的技巧就可以順利脫離。

被繩索勒住脖子時

……戰勝手持繩索的凶神惡煞……

◈ 熟悉基本防身術

被用繩索、皮帶之類勒住脖子的時候，往往因為過度驚嚇而喪失判斷力。

平時具備基本知識並熟練防身術，危急時刻多少能夠比較沉著冷靜的想出應付的方法，只要採取正確的行動，就有可能戰勝凶神惡煞。

◈ 脖子被勒住時的鐵則

脖子被勒住的時候，因為氣管不順暢，氧氣無法輸送，幾乎所有的人都無法呼吸，這是非常危險的狀況。如果能夠連續大叫，大概可以維持三十秒鐘呼吸，這是生死一瞬間僅有的生機。

當歹徒手拿繩索專注於勒住妳的脖子的時候，他的身體的中段部位是有機可趁的，雙手握拳，用拳頭關節強力打擊歹徒側腹部的肋骨，歹徒受驚雙手一鬆，妳立刻張開手指戳他的眼睛，他應該會慘叫倒地。

值得留意的是，脖子被勒住的情況下不容易使力發動攻擊，一旦失敗便會助長歹徒的攻勢，所以務必確實強力打擊側腹的致命點肋骨部位。

【勒脖子的凶器】身邊隨手可得的凶器很多，繩索、皮帶、圍巾、領帶、長襪、鐵絲、項鍊、電線等等，必須小心。

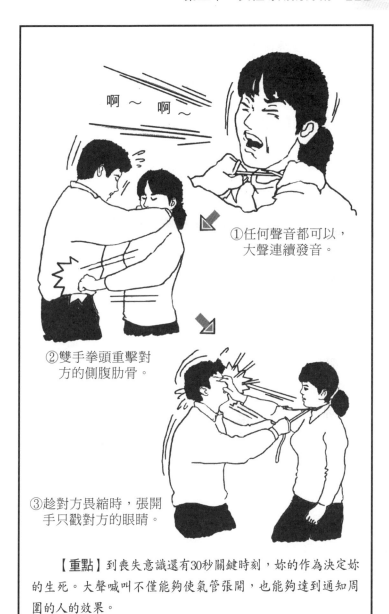

啊～啊～

①任何聲音都可以，
　大聲連續發音。

②雙手拳頭重擊對
　方的側腹肋骨。

③趁對方畏縮時，張開
　手只戳對方的眼睛。

【重點】到喪失意識還有30秒關鍵時刻，妳的作為決定妳
的生死。大聲喊叫不僅能夠使氣管張開，也能夠達到通知周
圍的人的效果。

在無防備的睡夢中被襲擊時

……了解入侵者的目的，採取最佳的方法……

◆ 平常就思考「萬一」時的對策

絕大多數的人夜晚就寢前都會檢查門窗有沒有鎖好，以防宵小入侵，但偶爾也會想開窗透氣，或是鎖被敲壞的情況，這時候宵小便有機可乘了。

睡夢中被聲音吵醒，宵小就在眼前，一時之間很難反應過來是夢還是真。

最好平常就和家人針對類似狀況模擬演練，例如說好木棍之類的防身武器就藏在座墊的下方等等，至少在面對歹徒的時候，有個心理準備。

宵小為何入侵？財物？美色？感情？仇恨？了解宵小入侵的目的，就有可能不動干戈使事件和平落幕，最糟糕的狀況是錯誤的行動刺激對方，演變成殺人事件。

◆ 要錢就給錢

宵小入侵的目的各有不同，如果只是錢財最好商量，在保全性命的前提下，還是給他才是聰明的做法。

【緊急時刻的防衛物品】除了木棍、催淚瓦斯、噴霧劑之外，利用髮膠、殺蟲劑噴歹徒的眼睛也頗有效果。相反地，也必須慎防歹徒拿這些東西攻擊。

【重點】了解入侵者的目的為錢財、美色或仇恨？之後再採取行動。

事件發生後必須緊急處理，立刻報警並請求加強巡邏。

認清宵小的目的，就有可能不動干戈化解危機。

◈ 強姦案件層出不窮

男性使用暴力、威脅手段強迫女性發生性行為，或與身心障礙，無法抵抗的女性發生性行為，都屬於強姦。歹徒不選擇室內，在人煙稀少的街道、暗巷、車內強姦夜歸婦女、學生的案件層出不窮。

有個人犯案，也有集體計畫性的犯案，可惡至極，必須小心防備。

◈ 平時注意防範於未然

但是不少女性被侵犯後，因為不想再被問到枝節末微的細節，更不想再回憶歹徒的樣貌，另一方面也為了維護自己的名聲，所以選擇隱忍不報。

遭遇性侵的女性內心受到極大的傷害，卻只能默默的承受，不敢張揚替自己討公道，甚至陷入從此不相信男性的深淵當中。

平常就應該有心理準備，防範事件於未然才是最重要的課題。

1. 夜歸時選擇熱鬧的街道。

2. 注意避免單獨與陌生男性搭乘電梯。

3. 避免輕率的搭乘陌生人的車。

【活用基本防身術】各種防身術都有幫助，平時熟練基本工，緊急時刻便可派上用場。

4. 隨身攜帶防身用的哨子。

◇ **假意配合，鬆懈對方的心防**

遭遇性侵攻擊的時候，採取「活用動物本能」當中所介紹的「抓」「戳」「刺」攻擊很有效。絕對不要放棄，利用基本防身術保護自己。

萬一歹徒持刀威脅，在保全性命的原則下，先避免激怒對方，冷靜的應對。

這個時候就要智慧了，先虛與委蛇，假裝配合，讓對方鬆懈心防，再趁隙突擊。這時候的攻擊講究快狠準，半途而廢反而激怒對方，讓自己的性命不保。用力戳刺對方的眼睛，給予致命的攻擊。

發生不幸時，一定要鎮定，記得對方的特徵，並留下證據。

【重點】

‧彬彬有禮的男子可能是犯罪集團中的一份子，擔任誘拐女性的角色。

‧平時就要有心理準備，防範性侵害於未然，萬一不幸遭遇性侵攻擊，務必趁隙給予對方致命的一擊。

避免跟蹤者攻擊的方法

……如何擊退跟蹤者……

◈ 所謂跟蹤者

最近「跟蹤者」一詞頻繁被使用，它帶有「偷偷地靠進」、「悄悄地尾隨」的意思。

明明是不相識的人，對方卻自認為和妳關係密切，屬於單相思的變態心理犯罪者，也被稱為「跟蹤者」。

有人認為時下年輕人的「追星」、「偶像崇拜」的行為，也和「跟蹤者」相同，其定義見仁見智。

◈ 任何人都有可能成為目標

大部分的人都認為「怎麼可能是我」，往往就因為這樣的疏忽大意，讓單純的仰慕者偷偷跟蹤，發展成為死纏爛打，甚至殺人事件。

什麼樣的人可能成為跟蹤者呢？從大部分的社會事件看來，想尋找戀愛對象的人、單戀的人比例最高。

被當成目標的人通常不知道對方的存在，跟蹤者偷偷躲在暗處思戀。

◈ 自認為這就是愛情的異常行為

跟蹤者的共通點是用不正常的形式表現愛情，「我這麼愛你，為什麼妳不懂我的心」，這種思戀往往會演變成為憎恨。另外，偷偷躲在暗處不足以滿足思戀的心情，就會演變成造成對方困擾的死纏爛打。也有不少人因為雙重

人格、被害妄想等精神障礙，成為行為異常的跟蹤者。

探討成為跟蹤者的目標的原因，受害女性往往也應該負一些責任。有女性為了達到某種目的，不惜以愛情為誘餌利用男性，女性本身在這方面也應該自我控制，注意自己的言行。

詭異的電話、信箋、死纏爛打等等，跟蹤者的行為各式各樣，不論男女都有可能成為目標，但是遇到緊急狀況，當然還是柔弱的女性遇害的可能性高。

事先模擬跟蹤者在什麼時候、什麼地方會造成什麼樣的危害，只要感覺有一點苗頭，就在對方發展成為跟蹤者之前想辦法和解。

◈ 信箋和電話攻擊

信紙、傳真可以交給警方當證據，不要丟棄。電話也必須明確記錄日期、時間及內容。

◈ 埋伏守候

跟蹤者在住家附近埋伏守候也是常見的例子，遇到這種情況不要獨自煩惱，最好找家人、朋友商量，如果明確的傳達自己的心意之後，對方還是持續跟蹤，就有需要報警處理。

◈ 被當成目標時

上學、通勤途中發現被跟蹤，可以試著變換路線，並且先向老師或上司報告，在人煙稀少的馬路上，有可能演變成色狼暴力攻擊，不可不謹慎。

◇ 與跟蹤者接觸的方式

遇到向妳示好、表明愛意的對象，一定要弄清楚他是屬於善意的，或是跟蹤者性格強烈的人。如果是屬於前者，只要妳清楚傳達自己的想法就可以解決；如果是屬於後者，可能就不是妳單方面說清楚就可以溝通的了，這時候最好找人陪同一起向對方傳達自己的想法，絕對要避免兩人單獨見面。

與跟蹤者談判的時候，一定要特別注意用詞遣字，切忌責罵或傷害他的自尊心，否則只會讓單純的跟蹤行為直線上升為報復跟蹤。

◇ 終極方法

遇到跟蹤者的要素明顯強烈表現出來的情況，就只有攜帶信箋、傳真、電話記錄等具體的證據，向警方描述跟蹤者的特徵，說明何時何處被如何的行為騷擾。

【重點】避免獨自煩惱，和家人、朋友商量，讓大家知道跟蹤者的存在。

‧一旦出現「是不是……」的感覺，就要立即採取對付跟蹤者的策略，看清對方的真面目很重要。

‧一旦成為跟蹤者的目標，逃避不能解決問題，必須鼓起勇氣，以實際的行動幫助自己。

‧遭遇仰慕者跟蹤時，最好在發展成嚴重事件之前先向警方報備。

‧看清楚對方是善意的示好，或者屬於跟蹤者的性格很重要。

‧如果你的態度曖昧，對方就會糾纏不休。

野狼司機預防法

……預先了解行騙技巧、應對方法……

◈ 過度熱心的男性別有企圖

「小姐要去哪裡？順便載妳一程。」當你獨自走在街道上，是不是遇過這樣的搭訕呢？

乍看對方熱心古道的模樣，瞬間感覺「這真是個好人」、「對方這麼熱心，我斷然拒絕他是不是太失禮了」。

別忘了，愈是故意表現出紳士模樣的男性，潛藏的危險性愈大。事實上，愈是居心叵測的人，愈是刻意表現出善良的態度。如果你搭上他的車，在密室狀態下，對方可能就變身為虎豹豺狼，將妳載往偏僻的地方或汽車旅館，最後演變成誘拐、強姦，甚至殺人事件。

◈ 親切的外表下潛藏著惡魔的靈魂

不能只單純的從對方講究的服裝、態度、言詞判斷這個人，當然也不能一言以蔽之的說，身穿名牌服飾、笑容可掬的男性就一定不是大野狼。

但是他們的共通點一定是披著一件看起來親切、老實的羊皮，裡面卻潛藏著惡魔般大野狼的面目，即使他的車內擺放六法全書、醫學之類的書籍，偽裝成醫師或律師身分，也不可相信。

【重點】務必謹記，為了引誘妳上車，「大野狼」一定竭盡所能地向妳示好，表現出熱情的態度，千萬不要上當了。

將計就計

……不會打鬥的人用演技騙倒對方……

◇ 發揮演技逃離現場

盡量不要引起紛爭，平安逃離現場是最佳結果。但是如果對方暴力攻擊，妳一定要全力反擊。

事實上，並非遭遇這種狀況的人都具備基本的防身本領，也不是每個人都有戰鬥的體力或智慧。畢竟色狼、強姦、跟蹤、恐嚇、威脅等等犯罪，大都是以膽小男性、老年人、高中女生、大學女生、ＯＬ、家庭主婦等弱者為目標，這些人或許還來不及學習基本武術、不具備防身能力。

防身術不限於一拳擊倒對方的技術，只要能夠保護自己的方法都是好方法，不採取和敵人對立的態度，表現出乎敵人意料之外的言行舉止也是方法之一。

◇ 配合犯罪者的劇本將計就計

想像自己被攻擊時會出現什麼反應？大聲尖叫？嚇得拼命掙扎？這大概是最常見的景象。

加害著的腦海裡已經對於攻擊事件寫好了劇本，妳不妨將計就計，發揮演技配合他的劇本演出，發瘋似的亂叫、心臟麻痺倒地不起……也是一種防身術。

【犯罪者的劇本】所有使用暴力讓對方屈服的犯罪者，腦海裡已經描繪出犯罪事件的劇本。

·發狂似的亂叫亂跳

如猴子般發出奇怪的
聲音，手胡亂擺動。

·假裝癡呆

重點是眼神盯住某
一點，不要和對方
視線交合。

矇騙敵人的演技(1)

·發狂似的大笑

大笑到淚流不止（就算
被揍也要連續一直笑，
才能騙倒對方）。

【重點】因為過度害怕而哭泣，正如敵人所願。

不計形象的搏命演出，讓對方因驚訝而亂了方寸，也許因
為覺得倒胃口而離開。豐富的演技救了自己一命。

矇騙敵人的演技⑵

·心臟麻痺

面對刀刃、槍枝威
脅，瀕臨死亡的表
情，臉部歪斜、全
身無力跌坐在地上

對方懷疑妳是不是
死了，嚇得逃跑

　【重點】心臟麻痺的演技在荒郊野外大概不管用，被拆穿
更糟糕。這適用在可以求救的場所。

　　受威脅、害怕而引發心臟麻痺是很自然的事情

·腹痛、突發疾病的演技

產生糾紛的時候，很少有人會對病人下手，因此得救的機率很高。

·嘔吐

面對威嚇，沿路攙扶牆壁邊走邊吐的演技。

矇騙敵人的演技(3)

·又聾又啞

遭遇恐嚇時，假裝瘖啞人士可能使對方自動放棄、知難而退。

【重點】若非深仇大恨、凶殘的犯罪者，很難對病人下手。

適合應用在多數敵人暴力、性侵時。放下自尊，演一場讓對方害怕的戲。

遭遇惡意性騷擾時

……在職場上或接待客戶時受到性騷擾的應對方法……

◈ 利用職權的性騷擾

職場上有些上司會利用自己的地位滿足自己的性慾，被害人幾乎都是女性，從男尊女卑的傳統年代到男女平等的現代社會，不少遭遇性騷擾的女性選擇獨自隱忍，暗中哭泣。

性騷擾幾乎都是男性利用自己的職權，在閉鎖的環境或狀況下進行。具體而言，國中小學進行身體檢查的時候、上體育課的時候、保健室裡、下課後都有受害案例；大學校園則有利用指導畢業論文的機會，以通過考試為要脅進行性騷擾。社會上，上司對女性部屬性騷擾的問題也層出不窮。

◈ 勇敢尋求協助，切勿獨自苦惱

從碰觸胸部、臀部的色狼行為，逐步攀升到強迫性行為，受害狀況形形色色。有人不敢對外張揚，獨自一個人承受委屈，最後出現排斥上學、拒絕上班的情形，受傷嚴重的甚至精神恍惚、行為異常。

不要讓性騷擾者逍遙法外，鼓起勇氣和家人、朋友、

【了解資訊】閱讀報紙、政府文宣，了解世界或其搭公司的性騷擾行為基準，也參考訴願書的寫法。

同事傾訴，共同商量應對的方法，或許周遭有人和妳遭遇相同，相信一定有人助你一臂之力。與諮商師洽談或向警察求助也是不錯的方法。

和公司同事交際要適可而止，避免喝酒之類的筵席，採取自我防護的手段。最有效的做法是向上級提交訴願書。一旦遭遇性騷擾，保全證據很重要，應該詳細記錄時間、場所、行為等等向上級呈報，如果沒有改善再尋求公權力介入。

◇ **性騷擾的基本應對方法**

1. 即使是工作上的頂頭上司，也不要輕易的接受對方私底下的邀約。
2. 公司的團體聚會應該適可而止。
3. 清楚傳達自己的意見和想法，態度堅決。
4. 切勿獨自苦惱，和同事或上司商量。
5. 鼓起勇氣向高層傳達，討論應對策略。
6. 依當時狀況考慮轉學或調職。
7. 接受專門機關或警察的建議。
8. 請公權力介入仲裁。

【重點】對性騷擾的行為隱忍不說，只會放任慣犯得寸進尺。

‧獨自苦惱無法解決性騷擾的問題，必須尋求眾人的協助，積極解決問題。

‧向警察局備案說明受害狀況，對於解決性騷擾問題或整個事件的發展都有幫助。

第四章　各種防身法的應用

‧日常生活或出外的危險迴避法

衣服著火時

……衣服著火的應對方法……

◈ 衣服著火的事故日益增加

身上穿的衣服著火，最糟糕的強況是燒死，這多半是因為自己不小心引起的，希望當成防身的重點。

衣服著火時，千萬不要奔跑，應立即用石棉布或厚外衣蓋熄，或迅速脫下衣服，火勢較大時，應臥地打滾以撲滅火焰。

衣服著火造成死亡率最高的是老年人，其次是最常待在廚房的家庭主婦，袖口著火的瞬間發生「閃燃現象」波及全身。

除了廚房以外，庭院的木炭灰燼、佛堂的蠟燭、暖器設備、蚊香、香菸等等都是容易著火的起火點，日常生活應該多加注意。

◈ 衣服著火的滅火方法

萬一不慎衣服著火，冷靜採取以下五種方法應對。

1. 只有袖口、裙擺著火的時候，用濕毛巾滅火。

2. 全身著火的時候，在地上打滾滅火。

3. 趕快到浴室泡在浴池裡。

4. 盡快脫下著火的衣物。

5. 預先設想「衣服著火的時候，這樣滅火」，如此
   便能在最短的時間緊急應變。

◈ 日常預防九項重點

預防重於一切，預防的基本就在「小心」，重點如
下。

1. 在廚房工作的時候，穿上防火材質的圍裙。

2. 避免穿袖子過長的衣服站在廚房做事。

3. 預先了解滅火方法。

4. 了解滅火器的使用方式。

5. 隨時準備好濕毛巾。

6. 絕對不在床上吸菸。

7. 暖爐務必放置在安全的場所。

8. 浴缸隨時保持有水狀態，以備不時之需。

9. 隨時準備一桶水放置在廚房的角落。

採取最恰當的方式，做好萬全的準備。

【重點】衣服著火別驚慌，冷靜迅速處理，日常預防最重
要。

跌倒時的應對方法

……採用護身倒法緩和衝擊……

◈ 每年有二千人因跌倒而死亡

滑倒、被物品絆倒、被推倒、踩空階梯………，日常生活中存在許多跌倒的危機。騎自行車被撞飛也屬於摔倒。

根據調查，臺灣事故傷害中，每年約有六百多人在自家樓梯跌倒死亡，這幾乎都是因為後腦遭受強烈的撞擊，導致急性蜘蛛膜下腔出血所引起。

◈ 柔道、合氣道的護身倒法很有益

減緩跌倒所帶來的衝擊最有幫助的是柔道、合氣道的護身倒法（*也稱為受身倒法*）。跌倒對頭部產生的撞擊力可能更甚於被暴力襲擊，所以，護身倒法也可以說是防身術的基本功。

一位武術家從四十公尺高處摔落，拜護身倒法之賜，安然無恙；國小三年級學生滾下樓梯，藉由護身倒法減輕衝擊，只受輕微擦傷。護身倒法在日常生活上發揮很大的保護功效，重要性不言可喻。

【**蜘蛛膜下腔出血**】包覆腦部的一層膜，腦部表面血管破裂，蜘蛛膜下腔縫隙間流出血液，就是蜘蛛膜下腔出血。若不及時處理會造成死亡。

◇ 準備三種護身倒法

跌倒之際應該注意些什麼？首先要避免頭部受到損傷，手腳骨折都可以醫治，頭部受損就很可能送命。

護身倒法分為「前護身」、「後護身」和「側護身」三種。

被人從後方推倒，或者被外物絆倒的場合，使用伏地挺身的要領，用雙手支撐，這就是前護身。

被從後方推倒的前護身

屈膝、手彎曲，伏地挺身的要領利用雙手接受衝擊

【重點】緩和跌倒時受到衝擊的方法稱為護身倒法。應該當成防身術練習，它能夠在危急時刻救人一命。

◈ 後護身倒法減輕頭部撞擊

　　被人從前方推倒、突然腳滑向後跌倒的時候，雙腳朝天伸展，下顎內縮、眼睛看著肚臍，臀部先著地，這就是後護身倒法。

　　腳被拉向橫側的時候，縮下顎、單手拍擊地板、身體橫向滑倒。這稱為橫護身倒法。

　　記住這三種護身倒法，在摔倒時能夠減少頭部九成的撞擊力。

後護身

兩腳朝天

腹肌用力

地面

手掌拍擊

眼看肚臍

下顎內縮

手肘伸展

　　【重點】跌倒絕對要避免撞擊頭部，平常應該加強頸部肌肉運動。頸部肌肉強壯，也能夠在車輛追撞事件中，預防頭痛、麻痺的後遺症。

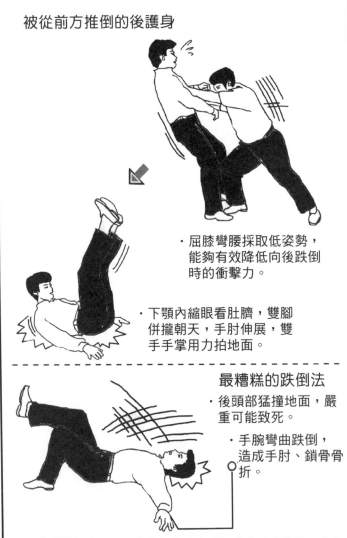

被從前方推倒的後護身

· 屈膝彎腰採取低姿勢，
　能夠有效降低向後跌倒
　時的衝擊力。

· 下顎內縮眼看肚臍，雙腳
　併攏朝天，手肘伸展，雙
　手手掌用力拍地面。

最糟糕的跌倒法

· 後頭部猛撞地面，嚴
　重可能致死。

· 手腕彎曲跌倒，
　造成手肘、鎖骨骨
　折。

【重點】跌倒致死幾乎都是因為頭部遭受強烈撞擊，造成
急性蜘蛛膜下腔出血，所以跌倒的時候首先要保護頭部。

遭遇搶劫時

……預防被搶及被搶的應對策略……

◈ 妳的皮包是搶匪的目標

搶劫，亦稱行搶、打劫，指以暴力或威嚇手段奪取對方對某物之所有權的一種犯罪行為。

搶劫與盜竊不同，絕大多數的搶劫都包含了暴力的成份，有時候會轉變成殺害被搶劫者的情況。

當你揹著皮包走在路上，或者將皮包放在機車、自行車籃子裡的時候，就吸引了搶匪的目光。

尤其從銀行、郵局提款後，更容易成為目標，必須格外留意。

皮包可以斜背或使用雙肩背包，皮包放置車籃內時也要加上防護網，或者利用其他物品掩蓋，不使外漏。

特別在「避免成為目標」方面下工夫。

以下提供預防搶劫策略一覽表，請參考。

◈ 預防搶劫13項智慧

1. 走在人行道上的時候，靠內側行走。

2. 照相的時候，勿將皮包任意置放檯面、長椅上。

3. 在街道行走的時候，盡量皮包不要背在靠車道的一側。

4. 盡量避免在人前授受金錢。

5. 大錢放在衣服內側口袋裡，小錢放在皮包內。

6. 避免在公共場合掏出一大疊錢、引人注目。

7. 在人群擁擠的場合失竊財物，竊賊很容易隱匿，必須格外小心。

8. 講電話的時候也必須注意身邊的錢財。

9. 搭車時閉目養神，或者行李放置行李架上，都容易成為竊賊的目標。

10. 沉醉與同伴談話的時候也容易成為目標。

11. 穿高跟鞋的女性、老年人等行動相對不敏捷的人，容易成為目標，應該避免攜帶大量現金。

12. 切記從銀行提領鉅款後容易成為目標。

13. 放置於機車、自行車車籃裡的皮包容易成為目標，記得加上防護罩。

―――――――――――――

【重點】

　　避免將貴重物品放置於機車、自行車籃內，是「預防被搶」的第一步。

遇到拉扯時(1)

①雙方拉扯背包時，
　利用對方的拉力，
　鬆手讓對方跌倒。

②趁對方失去平衡的時
　候壓制、重擊對方。

【重點】互相拉扯的時候，「借力使力」是最高境界。

遇到拉扯時(2)

①對方拼命拉背
包，不注意腳
部。

②從對方的腳裸處
彈踢，讓他重心
不穩跌倒。

【重點】從腳裸處往腳趾方向彈踢，能夠輕易讓對
方跌倒。

遇到拉扯時(3)

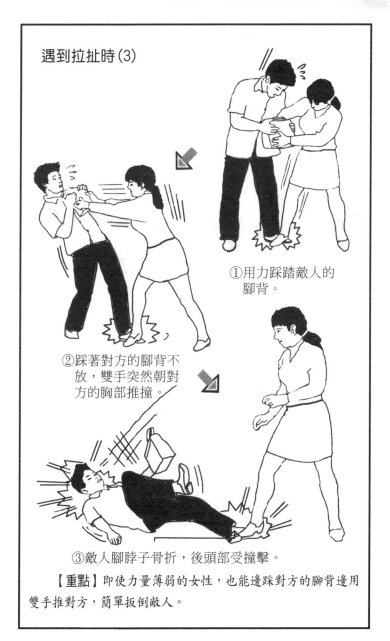

①用力踩踏敵人的
　腳背。

②踩著對方的腳背不
　放，雙手突然朝對
　方的胸部推撞。

③敵人腳脖子骨折，後頭部受撞擊。

【重點】即使力量薄弱的女性，也能邊踩對方的腳背邊用
雙手推對方，簡單扳倒敵人。

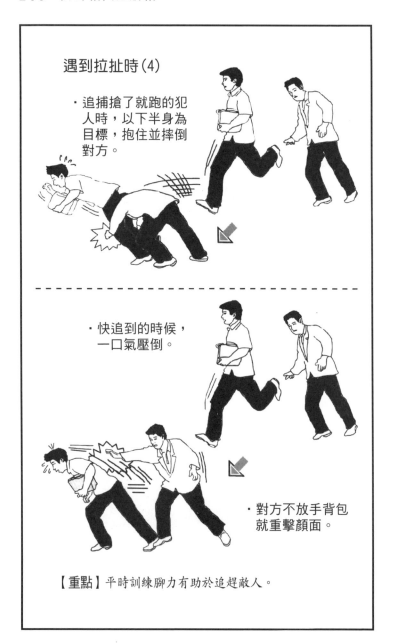

遇到拉扯時(4)

・追捕搶了就跑的犯
　人時，以下半身為
　目標，抱住並摔倒
　對方。

・快追到的時候，
　一口氣壓倒。

・對方不放手背包
　就重擊顏面。

【重點】平時訓練腳力有助於追趕敵人。

避免成為小偷的目標

……避免成為竊賊偷竊的對象……

◈ 避免成為目標

有些房屋容易成為小偷眼中的肥羊。

小巷子裡的住宅比大馬路邊的房子容易下手、公寓的一樓比高樓層容易下手。除此之外，門窗容易破壞的建築物、沒有保全的房屋、夜間無守衛的大樓都很危險。獨居女性、只有老人在家的房屋也都比較好控制，容易成為竊賊下手的目標。

無人在家卻忘記關窗鎖門，這種疏忽大意就更容易引狼入室了。

租房子、買房子、蓋房子的時候，一開始就從「是不是容易成為小偷的目標」的觀點出發很重要。

另外，安裝雙層鎖、獨棟住宅飼養狗、加裝監視設備、記得關窗鎖門等等，都有助於維護居住安全。

家裡一段時間沒人住的時候，記得通知暫停送報，避免外人一看就知道住家沒人。獨居女性在陽台晾曬男性衣物，也是預防歹徒入侵的障眼法。

◈ 偷竊變強盜的情況

預防小偷不得不注意的另外一點是，竊賊入侵準備偷竊的時候發現家中有人，結果「偷竊變強盜」。

　　和一開始就打算搶劫不同，小偷通常比較膽小、沒有帶凶器，發現個什麼風吹草動或聽見聲音就落跑，但也不能保證它不會行兇。

　　因此，家中擺放木棍、催淚瓦斯、噴霧器等防範物品以備不時之需很重要。

　　萬一遇上偷竊變強盜的場合，請參考以下因應之道。

1. 報紙塞在信箱內（表示屋主不在家）。
2. 大門鎖只有一道（容易破壞）。
3. 一個人居住（屋內經常沒人）。
4. 圍籬、圍牆很高（容易隱藏）。
5. 陽台只懸掛女性的洗滌衣物（可以立刻改變犯罪型態）。
6. 窗簾是女性化的花色（可以立刻改變犯罪型態）。
7. 戶外放置階梯或空箱（容易入侵和逃離）。
8. 浴室窗戶開啟（容易入侵）。
9. 按電鈴總是無人應門。
10. 沒有鐵窗、玻璃窗戶多的住家，房屋靠近電線桿或樹木（容易入侵和逃離）。

【重點】

　　容易成為竊賊下手目標的房屋，在住戶外出時特別要仔細鎖好門窗，不可疏忽大意。

萬一強盜入侵時

……保護自己免於被殺害或侵犯……

◇ 強盜入侵的應對方法

萬一不幸遭遇強盜入侵，務必冷靜判斷狀況，採取適切的因應策略，以求自保。

一旦準備攻擊歹徒或逃脫的時候，務必全力以赴，千萬不可以錯失良機。

1. 歹徒多持有凶器，不可貿然攻擊。
2. 認清歹徒的凶殘個性，如果是屬於輕易殺人也不在乎的人，一定要趁隙攻擊；如果只以財物為標的，妳最好乖乖在一旁讓他拿。
3. 切勿用言語刺激歹徒。
4. 等待歹徒鬆懈，例如放下武器的時候，見機行事，趁隙反擊。
5. 長時間被監禁或綑綁時，向歹徒提出上廁所的要求，趁機反鎖，從廁所窗戶向外求救。
6. 緊急情況拿菜刀反擊。
7. 歹徒靠過來的時候，可以拿椅子、鍋子丟，並大喊「失火了！」引起眾人注意。
8. 平時準備防身物品，牢記使用方法。

【重點】認清強盜的目的和凶殘程度，冷靜應對。

遇到猛犬攻擊的時候

……遭遇野狗、猛犬攻擊時的應對方法……

◈ 人類的自私造成野狗的增加

一股狂熱的寵物潮造成野狗增加。負責任飼養當然很好，但事實上卻一直有不負責任的飼主，任意丟棄愛犬。丟棄狗的理由千奇百怪，有因為搬家、調職無法飼養，有因為主人生病、長期出國無法照顧，還有因為小狗長大不可愛了，不想再養牠。缺乏自信能夠照顧狗到終老的人，沒有資格當飼主。

因為人類的自私而遭到拋棄的犬隻，慢慢的野狗化，偶爾發生攻擊人的事件。孩童被犬隻咬傷的例子時有所聞，甚至發生犬隻在發狂的情況下攻擊飼主的事件。假使被狂犬病狗咬傷，即使傷口不深，也有可能發病致死。

◈ 自我保護不受野狗猛犬攻擊

想像野狗突然襲擊、家犬突然張牙裂嘴對著你的時候該怎麼辦？

如果發生這種情況，最大的法寶就是──保持冷靜。你尖叫的越大聲，或是越想跑的話，你就越會激起狗的攻擊。

＊犬隻的習性雖然因為品種不同而有些微的差異，但是只要了解狗的弱點，就不難應付。了解犬隻的習性，冷靜的處理，要擊退野狗的攻擊並不是那麼困難的事。

　　野狗猛犬擊退法也是防身術之一，必須多加練習。了解動物的習性，要擊退犬隻的攻擊並不是那麼困難的事情，緊急時刻切勿慌張，冷靜應對。

　　以下介紹幾種野狗猛犬擊退法。

◇ **猛犬擊退法**

（1）使用毛巾、繩子

　　毛巾、褲腰帶、圍巾，凡是像繩子類的物品都可以，雙手握住繩子兩端。

　　猛犬撲過來的時候，故意讓它咬毛巾或繩子，犬隻一咬下就會後退落荒而逃。

（2）使用噴霧器噴出火焰

　　如果手邊有頭髮噴霧器和打火機，噴霧的同時點火，就成了噴火器。

（3）夜間拿手電筒照射

　　動物在夜間突然被手電筒的光線照射，會驚嚇逃跑。

（4）使用長棍子攻擊前足

　　使用曬衣竹竿之類的長棍子上下左右揮舞，同時集中攻擊狗的前足，讓它疼痛落跑。

（5）揮舞點燃火的紙

　　利用報紙、雜誌點燃火焰揮舞威嚇猛犬，狗怕火，所以效果很好。

＊除此之外，也可以利用隨身攜帶的防身物品，哨子、彩色噴霧、催淚瓦斯、伸縮棍等等，也具備相同的效果。

（6）丟擲砂石

犬隻遭遇砂石、球類丟擲，會喪失戰鬥意志逃離。

（7）潑水

利用水管或水桶向犬隻潑水，犬隻會喪失鬥志逃跑。

（8）滅火器噴射

如果身旁有滅火器，拿起來朝著犬隻噴，不一會兒牠就會失去視覺，大概也沒力氣了。

【重點】皮帶、竹竿、水等等，利用身旁的物品可以擊退猛犬。

記住本文列舉的各種擊退法，遭遇猛犬攻擊的時候才能夠冷靜應對。

在酒店被糾纏時

……和酒醉的人爭吵很危險……

◇ 一句話就足以送命

繁華的街道、燈紅酒綠的場所，往往是容易發生危險的場所，即使看似安全的室內，也潛藏著危機。尤其飲酒作樂的場所，很容易因為一些細微的事情發生爭吵。

喝酒使人情緒高漲，對某人感覺不佳、對某人的言行看不順眼，平常都可以忍耐，喝了酒以後就容易藉酒壯膽發牢騷、謾罵，造成同伴間吵架或和其他酒客起爭執。

很多人喝了酒之後會神智不清、異常興奮，甚至「酒後亂性」。當爭執的雙方都喝了酒，喪失自制力的時候，

往往出現暴力相向的舉動，運氣不好的情形，甚至因為一句話丟了性命。

　　首先學習自我控制，不要在意別人說的醉言醉語。

　　自己應該注意在公共場所不要隨便道人長短、不做出令人不舒服的舉動，維持君子般的飲酒態度很重要。

◈ **注意酒品欠佳的人**

　　有時候就算自己再怎麼小心注意，還是會被捲入是非當中，這通常是酒品不好的人引起的。

　　一般說來，喝酒後容易原形畢露，滿肚子的不愉快都傾瀉而出，像變了個人似的，有些平時溫文儒雅的人，一喝起酒來便發狂、出現暴力行為。

　　酒量好沒有用，酒品好才重要。為了避免捲入麻煩紛爭，盡量避免和酒品不好的人一起飲酒。

　　如果鄰桌有這種酒品欠佳的人，最好趁醉意未深之際盡早離開，飲酒作樂也要遵守「君子遠離危險」的原則。

　　據說這五個星座一旦喝了酒，就管不住自己。

　1. 牡羊座：喝起來什麼都忘光了。

　2. 摩羯座：平時壓抑得太嚴重了。

　3. 天蠍座：不喝酒時也亂性。

　4. 獅子座：會受不了別人的誘惑。

　5. 雙魚座：希望能有不同的經歷。

　　＊酒精促使身體呈現興奮狀態，往往因為細微小事而生氣、吵架，甚至大打出手。

◈ 常識和武道不適用於醉漢

面對暴力相向的醉漢，無法冷靜的判斷該怎麼做，所以不管對方再怎麼糾纏，也應該避免和他攪和。不得不對戰的時候，注意對方會用亂七八糟的方法。

面對七手八腳胡亂揮舞的對手，再多的武術技巧都派不上用場，這時候對方的蠻力很大，你只能夠用力氣壓制對方，連續攻擊最有效，這時候為了保護自己，就不必在意形象了。並非一股腦兒的攻擊，應該先後退一步看清對方的實力再攻擊，醉漢的防禦力低，趁機攻擊是訣竅。

◈ 正當防衛與過當防衛

失去理性的醉漢如果覺得自己打輸了，會拿起身旁的各種物品當武器攻擊，最後可能演變成拼生死的打鬥，所以確認自己安全了以後，必須盡快離開現場。

另外不得不留意的一點，切勿過度攻擊對方，否則可能吃上官司被求償。防身術必須使用在正當防衛範圍內。

不論對方如何暴力毆打，一旦你做出必要以上的攻擊，就變成過當防衛。

＊醉漢的步履蹣跚，採取迴旋踢或強烈的拋擲技巧，很可能造成腦部挫傷或內臟破裂，攻擊必須適可而止。

＊盡量離開現場，避免打鬥場面。

【重點】喝酒後容易失去自制力，好朋友也可能發生爭吵，慎選酒伴、避開酒品不佳的人很重要。

過度攻擊造成對方受傷，會因為防衛過當而吃上官司。

身體的一部分被揪住時

………利用關節技巧逃離攻擊………

◈ 面對有力氣的對手，使用小技巧攻擊

對方突然靠過來，揪住你的前襟或頭髮、扣住你的脖子、從背後抱住你、揪起你的後衣領要打妳，或者拉起你的手腕要你跟著走………等等狀況。

當歹徒靠近你，揪住你的身體的某部分的時候，使用「關節技巧」制伏對方。

徒手攻擊的歹徒，大抵上是對自己的腕力、體力很有信心的強壯男人，面對這樣的歹徒，若非經過武術訓練的專家，就只能夠藉著小技巧反擊。

只要記住重點就好，關節技巧是任何人都會使用的防身術。以下設定各種狀況，解說利用關節技巧制伏歹徒的方法。

【重點】

只要記住重點，關節技巧是任何人都會使用的防身術。

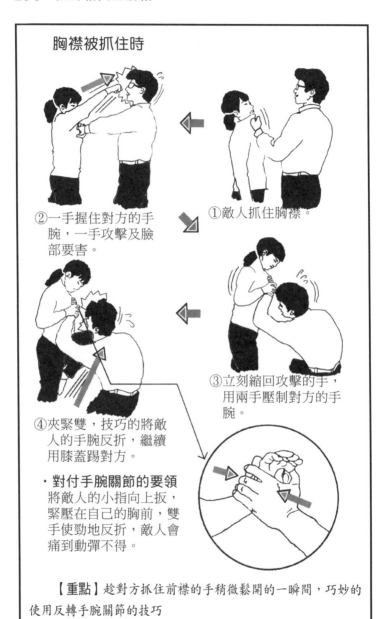

胸襟被抓住時

②一手握住對方的手腕，一手攻擊及臉部要害。

①敵人抓住胸襟。

③立刻縮回攻擊的手，用兩手壓制對方的手腕。

④夾緊雙，技巧的將敵人的手腕反折，繼續用膝蓋踢對方。

· **對付手腕關節的要領**
將敵人的小指向上扳，緊壓在自己的胸前，雙手使勁地反折，敵人會痛到動彈不得。

【重點】趁對方抓住前襟的手稍微鬆開的一瞬間，巧妙的使用反轉手腕關節的技巧

被從前方勒住脖子時

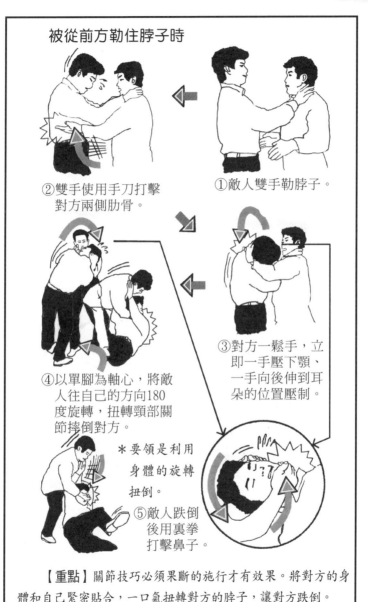

②雙手使用手刀打擊對方兩側肋骨。

①敵人雙手勒脖子。

③對方一鬆手，立即一手壓下顎、一手向後伸到耳朵的位置壓制。

④以單腳為軸心，將敵人往自己的方向180度旋轉，扭轉頸部關節摔倒對方。

＊要領是利用身體的旋轉扭倒。

⑤敵人跌倒後用裏拳打擊鼻子。

【重點】關節技巧必須果斷的施行才有效果。將對方的身體和自己緊密貼合，一口氣扭轉對方的脖子，讓對方跌倒。

被揪住頭髮時

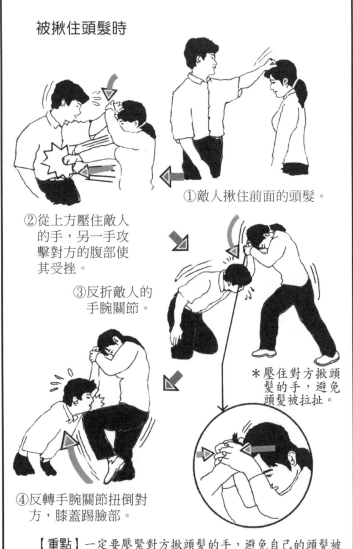

①敵人揪住前面的頭髮。

②從上方壓住敵人的手，另一手攻擊對方的腹部使其受挫。

③反折敵人的手腕關節。

＊壓住對方揪頭髮的手，避免頭髮被拉扯。

④反轉手腕關節扭倒對方，膝蓋踢臉部。

【重點】一定要壓緊對方揪頭髮的手，避免自己的頭髮被拉扯。重擊腹部會讓對方膽怯而鬆手，是很好用的技巧。

被從背後抱住時

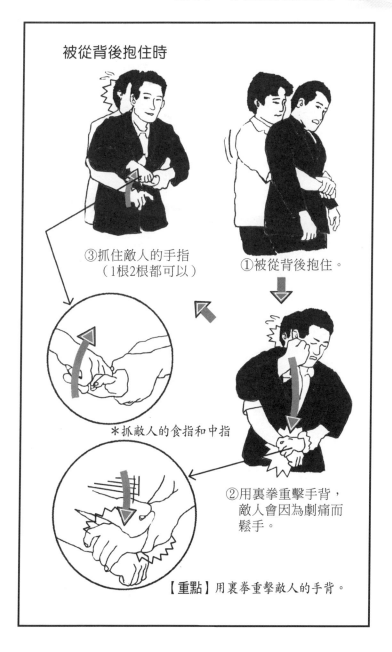

③抓住敵人的手指
（1根2根都可以）

①被從背後抱住。

＊抓敵人的食指和中指

②用裏拳重擊手背，
敵人會因為劇痛而
鬆手。

【重點】用裏拳重擊敵人的手背。

④巧妙地將手指朝手背的方向扭轉。

⑤掌握關節，一口氣摔倒對方。

【重點】敵人從身後抱住你也不要驚慌，先用裏拳打擊手背，趁敵人鬆手或離手，順勢抓起1、2根手指反折，敵人會痛得動彈不得。

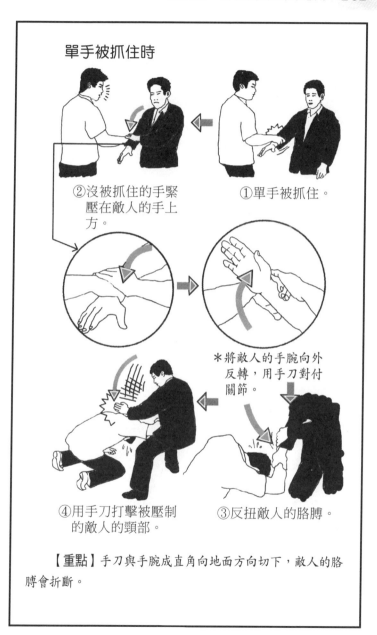

單手被抓住時

②沒被抓住的手緊
　壓在敵人的手上
　方。

①單手被抓住。

＊將敵人的手腕向外
　反轉，用手刀對付
　關節。

④用手刀打擊被壓制
　的敵人的頸部。

③反扭敵人的胳膊。

【重點】手刀與手腕成直角向地面方向切下，敵人的胳膊會折斷。

被抓住後領時

②一手壓制敵人抓衣
領的手,另一手握拳
頭攻擊側腹。

①抓住後領。

③讓敵人的手和自己的後脖子
緊密貼合,再利用手肘將敵
人的手從下往上頂起。

＊要領是挺胸,讓敵人的手和
自己的腹部緊密貼合。

④扭轉雙手成十文字張開,
利用肘關節使敵人倒地。

【重點】連續動作必須迅速果決,一開始的攻擊是為了
讓敵人鬆手,方便接下來使用關節技巧。

與多數敵人戰鬥時

………大意失荊州！對方不只一人…………

◈ 以多數敵人為前提戰鬥

防身格鬥技之所以被當做是一種運動，是由於它是一對一的鬥技。例如：跆拳道、摔跤、柔道等都是一對一的競技。

在打架的事件發生時，經常會有一對二或一對三或更多人的情形。假設一位有自信的打手，讓他對付幾個沒有經驗的人，倒不成問題。但如果一位不曾打過架的人，被二人以上包圍時該採取何種對策呢？

傷害事件的攻擊者往往不只一人，尤其擄人綁架、監禁等凶惡犯罪，多半是共犯結構。

即使迎面而來的歹徒只有一個人，暗地裡卻可能躲藏著多數共犯。絕對不可以因為對方看起來比自己弱，就掉以輕心，要有與多數歹徒戰鬥的心理準備。

假使預先得知對手為複數，盡量避免深入對戰，趁機逃離才是上策。不論武術再怎麼卓越的人，也很難同時應付多數敵人。

現實生活裡不太可能存在電影當中的英雄角色，對方手持武器更是如此。切勿因為學了一點防身術，讓自己的生命暴露於危險當中。

兩人前後襲擊時

① 一人從後方架起你的雙臂襲擊。

前方敵人準備揮拳

② 看準敵人出拳的時機雙腳蹬地、內縮，彈踢前方的敵人。

③ 一口氣彈踢敵人的胸膛。

④ 隨即伸進後方敵人的腿檔之間，用腰力摔倒對方（要領是雙膝同時蹬地）。

【重點】盡量迴避兩人同時攻擊的情況，能逃離就不要打鬥，這裡是介紹如何利用智慧、抓住時機逃離。

被多數敵人圍攻時

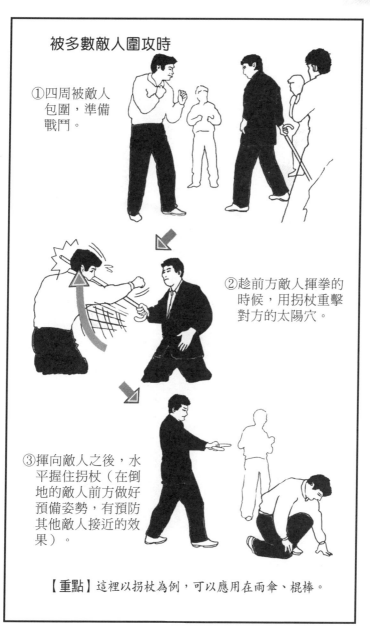

①四周被敵人
　包圍，準備
　戰鬥。

②趁前方敵人揮拳的
　時候，用拐杖重擊
　對方的太陽穴。

③揮向敵人之後，水
　平握住拐杖（在倒
　地的敵人前方做好
　預備姿勢，有預防
　其他敵人接近的效
　果）。

【重點】這裡以拐杖為例，可以應用在雨傘、棍棒。

④第二個敵人攻擊過來時
候，重擊對方的側腹部。

⑤撞擊第三個敵人。

⑥發現又有其他敵人攻擊過
來時，打擊其頸部。

【重點】重擊第一敵人挫其銳氣，自己的心裡就比較篤
定。基本上隨時保持一對一的戰鬥狀態。

遇到以財物為目標的攻擊時

……中老年人被年輕人集團當成目標的時候……

◈ 人被毆打財物被劫

中老年人經過人煙稀少處或公園的時候，被年輕人團團圍住襲擊，錢財被劫的事件層出不窮。他們一心等待這種機會，稱之為「獵殺大叔」。

中老年人多金、體力差，容易被當成肥羊，尤其攻擊的年輕人早已做好準備，這時和毫無防備的中老年男性差距就更大了。

甚至對方如果是屬於集團犯案，你怎麼鬥得過他們呢？所以盡量避免往來於人煙稀少的場所，深夜回家還是搭計程車比較安全，何必平白無故的成為魯莽的年輕人的下手目標呢？

◈ 不要立刻理睬對方

那麼，實際遇到集團攻擊的時候如何應對呢？

經過人煙稀少的路徑，聽到有人叫住你，千萬不要立即轉頭回應對方，否則對方會在你回頭的時候　給你一拳，搶走你的財物後逃之夭夭。

轉頭的時候跨大步後退閃開對方的攻擊，再立即用皮包的尖角冷不防的打擊對方，這時候對方應該會被你的反擊嚇到。

　　萬一不幸被多數歹徒架到別處，不要一直做無謂的掙扎，應該冷靜盤算、趁機逃脫，只要稍有機會就不要猶豫，打個對方措手不及。

　　首先，利用皮包的尖角使勁的打對方的臉或下顎，趁對方畏懼的瞬間，再利用皮包推倒對方，然後甩向後方的敵人，接著趁對方還沒回過神的空檔逃跑。

　　人在邁入中老年之計，體力急遽下降，建議中老年人最好平常藉由慢跑等運動補強基礎體力，這對防身也很有幫助。

　　出其不意打擊對方，然後快速逃離，是上策。

　　【重點】多金的中老年人容易被偷襲，平時應該練習基本防身術以備不時之需。

遇到少年集團攻擊的自我保護(1)

①被從背後叫住的時候，不要
　立刻回頭，以防瞬間一拳。

被從背後叫住

②轉身之際退後
　一大步下腰。

③用手刀招架揮向
　臉部的一拳。

④立刻用公事包打擊
　敵人了臉部。

⑤趁敵人畏懼的時候，
　迴旋踢對方的股溝。

＊參考防身術的基本動作，每週練習一、二次很有幫助。

遇到少年集團攻擊的自我保護(2)

①被拉到其他地方的時候，不要立即反抗，伺機而動。

被帶到其他場所時

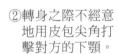

②轉身之際不經意地用皮包尖角打擊對方的下顎。

③踩踏腳背，雙手利用皮包瞬間推倒面前的敵人撞擊後方的敵人。

【重點】腳背被踩住的狀況下向後倒，腳脖子會骨折，阻止敵人的攻擊，有利於戰鬥。

在海水浴場遭受攻擊時

……利用海砂攻擊效果超群……

◈ 酒精下肚容易發生小糾紛

人群熙嚷的海水域場看似沒什麼危險性，事實上卻是容易發生紛爭的場所。在大海邊這種開放的場所，幾杯黃湯下肚之後，在酒精的催化下情緒高漲，往往因為佔位置或女性而產生糾紛。

此外，遊客稀少時期或打烊時間，偶爾也會遇到不良分子故意挑釁。因此，想在海水域場玩樂，必須慎選場所。

◈ 利用砂子打倒敵人

在海水域場遊玩不太可能隨身攜帶防身物品，遭遇侵襲的時候，海岸邊隨手可得的砂子是最佳防禦武器。

如果對方連續出拳攻擊，你立刻蹲下身子，抓起一把砂子灑向對方的眼睛，再趁對方混亂的瞬間踢他的股溝。

對方持有武器的場合，你就不要用手抓砂子，改用腳踢，腳趾伸入砂堆裡，一口氣往對方的臉部踢過去。

面對多數的敵人，最好拿遮陽傘桿子當戰鬥武器，同時使用踢砂法。

　＊各種場合都可能出現不良分子，事前慎選場所能夠避免爭端。踢砂法是日本沖繩古武道棒術隨處可見的技法，應用在防身術上效果絕佳。

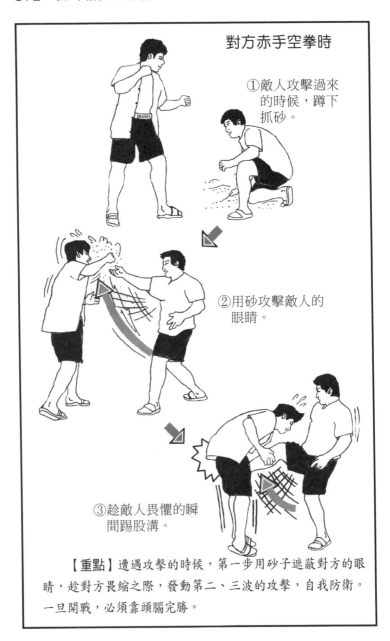

對方赤手空拳時

①敵人攻擊過來的時候，蹲下抓砂。

②用砂攻擊敵人的眼睛。

③趁敵人畏懼的瞬間踢股溝。

【重點】遭遇攻擊的時候，第一步用砂子遮蔽對方的眼睛，趁對方畏縮之際，發動第二、三波的攻擊，自我防衛。一旦開戰，必須靠頭腦完勝。

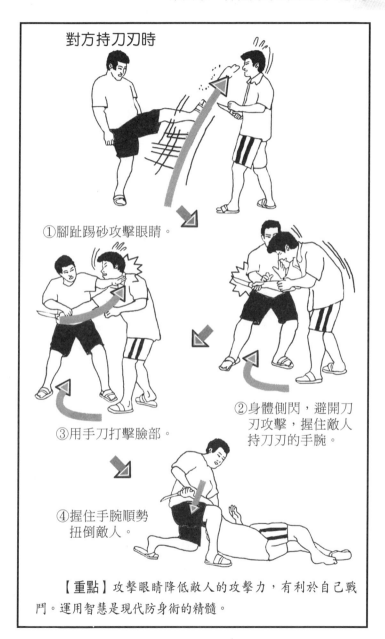

對方持刀刃時

①腳趾踢砂攻擊眼睛。

②身體側閃，避開刀刃攻擊，握住敵人持刀刃的手腕。

③用手刀打擊臉部。

④握住手腕順勢扭倒敵人。

【重點】攻擊眼睛降低敵人的攻擊力，有利於自己戰鬥。運用智慧是現代防身術的精髓。

與多數敵人打鬥時

③立刻用棍棒打擊左邊第三敵人的腹部。

②用棍棒打擊右邊第二敵人。正面的敵人睜不開眼。

①箝制左右敵人，腳趾向正面敵人踢砂。

④打第一敵人的臉部。

　＊不論單數、複數敵人，或有沒有持刀刃，只要在海水域場，基本上踢砂是攻擊的第一彈，練習棍棒的基本訓練有助於應付多數敵人。

對抗刀刃戰鬥法

　　……逃為上策！決定戰鬥就要全力以赴……

◇ 正確的判斷與俐落的閃躲

　　歹徒持刀刃攻擊的防衛方式，基本上和空手的情況是相同的，只不過稍微不慎會造成比較大的傷害，甚至於葬送性命。這時候講究正確的判斷、俐落的閃躲，避開刀刃接觸身體。

　　對於非習武者而言，這是很困難的事情，盡可能迴避積極的戰鬥，走為上策。

　　面臨非戰不可的狀況，就要有拼命的心理準備，畏縮膽怯只會讓你淪為敵人刀下的俎肉。

◇ 絕對不能採取預備架勢

　　面對刀刃該如何應付呢？熟悉武術的人往往反射性的擺出架勢，這樣反而會讓對方提高警覺。避免一口氣直接進攻，採取拳擊手法當中的推擋技巧，誘使歹徒將焦點擺在推擋的手腕上。

　　面對刀刃的攻擊，盡量避免徒手應付，就近利用身旁的棍棒等比敵人的刀刃還長的物品比較安全。

　　面對手持刀刃的歹徒絕對不要擺出架勢，採取自然的姿態偽裝，鬆懈歹徒的警覺心，側身準備迎敵，如果穿著外套，脫下來拿在手上當防備用。

◈ 正確的判斷決定行動

為了不讓對方手上的刀刃傷害到自己的身體，必須一開始就正確解讀對方的動向，快閃躲過攻擊，依照狀況判斷接下來的行動。

雙方近距離的情況，不要畏戰，抓住瞬間的機會徒手反撲，利用攻擊對方要害的技巧，打落對方的刀刃。

中間距離的情況，向前招架很危險，應該退一步看清楚對方手持刀刃的方式，判斷是要向前招架，或是側身閃躲。

雖然具備防身術的技巧，但是不能用世間常理解讀手持刀刃攻擊的暴徒，必須先有心理準備正面臨最危險的狀況，小心謹慎的應付。

非到逼不得已的地步，避免積極打鬥，逃離才是聰明的做法。

【重點】應對的時候不要擺出好戰的架勢，最好採取自然的姿勢，視對方的動向判斷狀況，趁隙突擊。

刀刃的種類與不同的機能

刮鬍刀　因為刀刃薄所以傷口不會裂開，但是割到動脈很危險。

安全刮鬍刀　和一般刮鬍刀一樣雙刃薄，傷口薄且深，可以切斷動脈。方便攜帶，容易被當成威脅的工具。

美工刀　和刮鬍刀的作用一樣，手持方便，切割機能滿分。

生魚片刀　細緻的料理刀，偶爾被用來犯罪，刀刃薄而長，深達內臟可致命。

厚刃尖菜刀　兼具切和刺的功能，偶爾在傷害案件中出現。傷口大且深。

萬用菜刀　殺傷力沒那麼大，但傷口大且長。

　＊依照刀刃種類和形狀的不同，機能和殺傷力也不一樣，多一層認識能幫助你在遭遇攻擊的時候冷靜的面對。

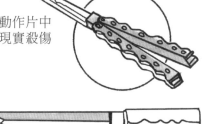

蝴蝶刀 經常在動作片中出現，也可見於現實殺傷事件中。

短刀 古代拿來防身用，近年常見於暴力團體鬥毆事件中，刀刃可深達內臟致命。

武士刀 原本就是武器，砍、刺、防禦均可，機能滿分。又稱為蛤刀，被雙刃厚度的武士刀砍傷，皮開肉綻不易痊癒。

斧頭 具有剁碎骨頭的威力，是殺傷力極大的武器。

＊攜帶方便的功能性刀刃，也可能搖身一變成為凶器。

刀刃的握法與攻擊法

反手持刀　橫切再刺，
傷口深是致命傷。

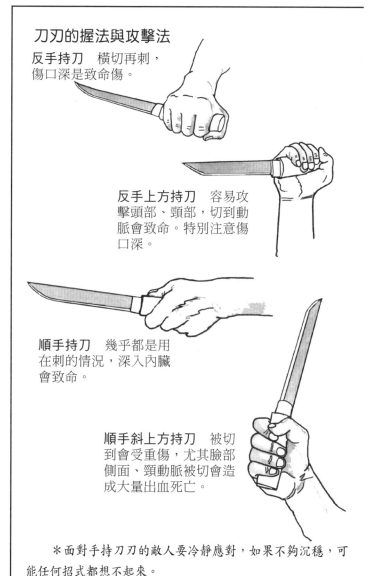

反手上方持刀　容易攻
擊頭部、頸部，切到動
脈會致命。特別注意傷
口深。

順手持刀　幾乎都是用
在刺的情況，深入內臟
會致命。

順手斜上方持刀　被切
到會受重傷，尤其臉部
側面、頸動脈被切會造
成大量出血死亡。

＊面對手持刀刃的敵人要冷靜應對，如果不夠沉穩，可
能任何招式都想不起來。

雙手握柄專心致志時

雙手握刀柄，專心致志的架勢，一定是內行人，殺意明顯，最好快逃。

左右閃晃時

慣用手持刀刃左右晃動的人，通常擅長於凶器操作，必須特別小心。

彎腰等待時

彎腰等待的架勢代表外行人，可能持刀胡亂揮舞，也可能突然衝過來，必須仔細看楚對方的動作。

【重點】從對方持刀的方式和架勢，可以看出準備如何攻擊。

閃躲近距離刀刃的方法(1)

刀刃架在頸部時

單手被抓住，刀刃
架在頸部的時候。

威脅要你跟者
走的時候。

身體閃開，用力握
緊敵人的手腕，彈
落刀刃。

立刻攻擊敵人的臉部。

　＊刀刃架在頸部，通常不是為了殺人，而是威脅奪取財
物或強姦，必須確認敵人刀刃的方向，伺機而動。

閃躲近距離刀刃的方法(2)
刀刃頂在腹部時

單手被抓被刀刃頂住腹部、威脅雙手高舉，跟著走的時候住，刀刃架在頸部的時候。

身體閃開，握緊手腕，使刀刃掉落。

用手刀打落刀刃

【重點】敵人要你雙手高舉的時候，先假意配合，再趁機攻擊。一決定就立刻行動，不要猶豫躊躇，否則只有任人宰割。

閃躲中間距離刀刃的方法(1)

來自上段的攻擊

敵人持刀從上段攻擊過來的時候，大步後退，準備第二次攻擊。

朝胸部刺過來的時候，前踏、雙手招架。

握緊持刀刃的手腕，攻擊對方的臉部。

【重點】二段攻擊的時候，先大步後退看清楚敵人的動向再攻擊很重要。安全、確實是第一要件。

閃躲中間距離刀刃的方法(2)

來自中段的攻擊

刀刃從正前方刺過來的時候,大步後退,準備下一次攻擊。

刀刃從臉部刺過來的時候,前踏、十字招架。

壓制手肘,攻擊臉部。

【重點】面對中間距離的刀刃攻擊,基本上一定要先大步後退看清楚敵人的動向,再準備下一次的攻擊,保全性命是最大的目的,務必冷靜沉著再行動。

朝頸部揮刀時

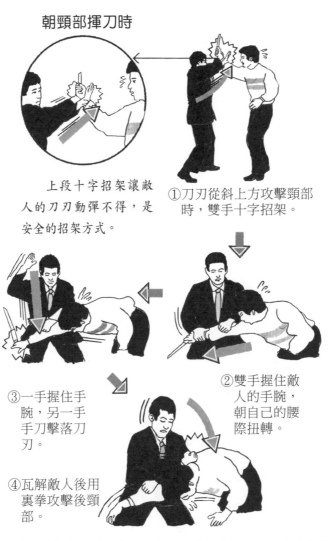

上段十字招架讓敵人的刀刃動彈不得，是安全的招架方式。

①刀刃從斜上方攻擊頸部時，雙手十字招架。

②雙手握住敵人的手腕，朝自己的腰際扭轉。

③一手握住手腕，另一手手刀擊落刀刃。

④瓦解敵人後用裏拳攻擊後頸部。

【重點】奪刀時注意不要讓刀刃傷到自己。1～2的動作做的完美就等於打垮對方了。

朝臉部揮刀時

①後退一步準備招架敵人的攻擊。

②雙手十字招架攻擊臉部的刀刃。

③十字招架後，一手握住敵人持刀刃的手腕，一手抓住手臂扭轉，重壓手肘。

＊要領是使勁地用力對付敵人的肘關節。

④一口氣摔倒敵人，膝蓋壓制肘關節，手腕往上拉就會骨折。

【重點】3～4的動作必須一氣呵成，這項技巧不難學習。

朝腹部揮刀時

①敵人將刀刃置於
　腰際，擺出攻擊
　姿勢。

②朝腹部攻擊的時候，側
　身、用手刀處理。

＊雙手刀直立，對於
　抵禦敵人的腹部攻
　擊安全性高。

③勾住敵人的手臂，
　轉腰打擊後頸部
　（到這裏勝負大致
　已經決定了）。

【重點】刀刃刺入腹部3公分就會沒命，絕對避免讓
刀刃接觸自己的身體。

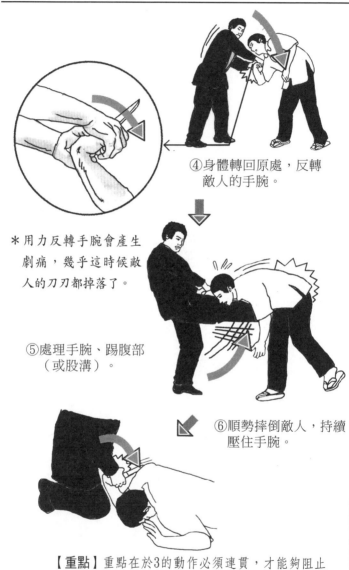

④身體轉回原處,反轉敵人的手腕。

＊用力反轉手腕會產生劇痛,幾乎這時候敵人的刀刃都掉落了。

⑤處理手腕、踢腹部（或股溝）。

⑥順勢摔倒敵人,持續壓住手腕。

【重點】重點在於3的動作必須連貫,才能夠阻止敵人反擊。

來自背後的威脅

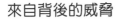

①後衣領被抓住，背部
　被刀刃抵住。

②伺機迴轉，身體
　向刀刃的外側閃
　開。

③雙手刀招架，離開刀
　刃的威脅。

【重點】背後受威脅尤須謹慎，務必冷靜，伺機瞬
間採取行動。

④雙手握住敵人的
　手腕，使其無法
　使用刀刃。

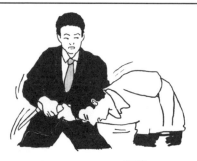

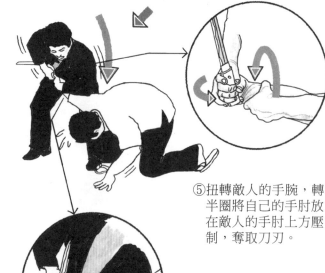

⑤扭轉敵人的手腕，轉
　半圈將自己的手肘放
　在敵人的手肘上方壓
　制，奪取刀刃。

＊單手緊握敵人的手腕，另
　一手反折敵人的手，同時
　用手肘壓制。

【重點】同時處理⑤的手腕關節和手肘關節，效果
倍增。握住手腕的同時，使勁地用手肘對手肘重壓，便
會造成敵人骨折，無法動彈。

面對木劍或棍棒攻擊的戰鬥方式

……差之毫釐失之千里！看清對方的動向……

木劍的長度是最佳的揮舞長度，適合任何人使用，日常周遭也有不少類似長度的棍棒，能夠當成凶器使用。

手持木劍或棍棒攻擊的敵人是否為劍道的有段者，應對的方法完全不同。

從對方擺出的架勢就可以判斷是否為內行人，資深者的架勢非常的沉穩，外行人不太可能是他的對手，這時候還是想辦法脫逃才是明智之舉。

面對劍道的段位取得者，就算放下身段跪地謝罪也罷，一定要以逃離現場為目的，這也是防身術之一。

◇ **看清對方的動向臨機應變**

和手持木劍或棍棒的敵人戰鬥的場合，不能一言以蔽之是後退好，或者向前飛撲襲擊好，一定要仔細觀察對方的動靜，配合對手的動作做不同的攻擊變化。

一般的攻擊法分為上段打擊、側面打擊、中段打擊、中段刺入、下段打擊五種。首先心裡預想對方的攻擊方式，再決定自己的防禦方式。基本上，遇上段打擊則退後一步、遇中段刺入則左右閃開、遇中段打擊則全力飛撲過去襲擊。

準備利用木劍或是棍棒襲擊，必須保持一定的距離，

稱為「間隔」，藉由保持雙方的距離，也能夠防禦對方的攻擊。

因為木劍、棍棒在對手太靠近的時候無法發揮效果，所以在一定距離朝向內側飛撲襲擊，也能夠制伏對方。觀察對方的呼吸，把握正確的時機，不論被動的閃躲攻擊或主動的飛撲襲擊都有效果。

◈ 鐵條、長棍之類的凶器

比木劍更長的鐵器、竹竿、木頭等等都可以用來當武器，其致命性更甚於木劍。

這類武器能夠上下左右自在的攻擊，一旦得知對方是武術內行人，就算磕頭謝罪也要逃離。

長武器的使用方法基本上有二種。

看見對方手握長武器的中央處，可以判斷採用的是近距離連續性的攻擊，面對攻擊先蹲下閃開，下一秒鐘立刻飛撲過去襲擊。

如果對方充分揮舞長武器，就要伺機採取飛撲攻擊。

發現對方準備攻擊下段的時候，在對方刺入的瞬間朝側面飛撲襲擊；對方準備攻擊上段的時候，配合對方的動作，朝向對方手持棍棒處飛撲。切勿畏縮，抓準時機一口氣飛撲攻擊很重要。

◈ 閒談棍與棍術

棍，是武術中常見的一種長器械，也是目前國內外武術比賽的主要項目之一。長期以來，由於棍器材採集比較

方便，又無利刃，方法明快，成為人們健身、防身的良好器械，在民間十分普及。

棍，早在原始時代人們便利用樹枝製成的棍棒，進行防禦和獵取食物，它屬於人的本能活動和生產活動。

後來，在古代戰爭中，棍成為兵器之一。由於戰鬥的需要，比現在的棍要長很多。在戰爭中，人們逐漸積累了棍的攻防方法。

當棍一旦從戰爭中的兵器植根到民間，人們用以防身、健身，便出現了更為豐富的棍法，逐漸確立了棍術。

進入現代，棍術發展到一個很高的水準，有許多不同的棍術流派，並有了棍術的圖譜記載和論著，也做為體育運動的項目之一。

由於棍的長度不同，方法也不盡相同。棍的握法通常以雙手握在棍身後段，虎口均朝棍梢一端為「正握」。

【重點】

・與手持木劍的攻擊者保持一定的距離，能夠防禦對方的攻擊。

・外行人很難與有經驗的劍道練習者競爭，還是趁機逃離最好。

木刀閃躲法(1)

面對從中段攻擊

敵人使用中段架式攻擊瞬間，用手握住制伏。敵人一旦畏縮，盡快破解敵人戰術。給予沉重一擊。

對於中段的攻擊，身體左右瞬間交錯，往斜前方逼近。

【重點】閃躲中段的攻擊時，為了使敵人的攻擊面變小，利用側身逼近。身體輕巧的移動，是防身術裡重要的基本技巧。

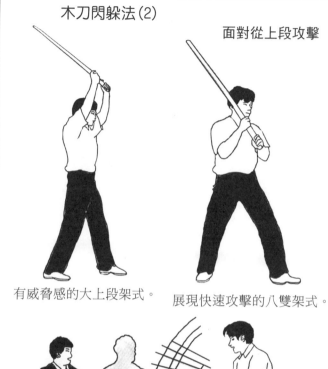

木刀閃躲法(2)

面對從上段攻擊

有威脅感的大上段架式。

展現快速攻擊的八雙架式。

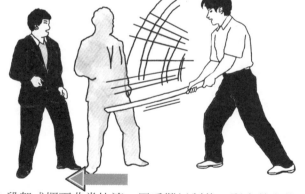

上段架式揮下非常快速，用手難以制伏。配合敵人的
動向，往後退一步，是果斷的安全方法。

【重點】注意敵人的眼神變化。若能讀取敵人的表
情或氣氛，則預測敵人的動向，木刀會攻擊何處。

長棍閃躲法

雙手握長棍中心攻擊時

面對攻擊過來的長棍,立刻跨大步後退閃躲。

再跨一步調整身體,避開攻擊。

【重點】棍棒的使用方法複雜難懂,一般人能夠簡單看懂棍棒的動向,沉穩的應付。

長棍閃躲法

面對準備上段出手的敵人，在敵人出手的瞬間衝過去雙手招架，同時攻擊敵人的側腹部或踢股溝。

面對準備下段出手的敵人，瞬間衝到敵人身旁攻擊臉部。

【**重點**】面對擅長使用長棍的敵人，應該保持適當的距離，冷靜應付。

面臨槍枝威脅時

……生命可貴，不要反抗……

◇ 明白表示自己不會反抗

雖屬少數情況，但也不無可能，不管是真槍或假槍，一開始都不要抵抗，配合對方的指示行事。

如果對方要求財物，最好乖乖配合，槍枝的殺傷力太大了，千萬不要隨便拿生命開玩笑。

槍枝的殺傷力極強，擺脫槍口朝自己的威脅後，應對方法基本上和刀刃相同。

◇ 以錢財為目標

絕大部分使用槍枝犯罪的目的是為了錢財。不要認為對方不敢開槍，一旦你反抗激怒了他，後果可能不堪設想，甚至對方也有可能誤扣板機。盡量讓對方保持平靜，高舉雙手明白表示不會反抗，配合對方的指示行事。

一般歹徒不太可能為了錢拿槍殺人，中國黑手黨之類的亞洲暴力集團就不同了，他們即使只為了小額金錢殺人，也不在乎。

如果對方一開始就打算殺人取財，不管你如何求情可能都於事無補，這個時候就只能想辦法逃離，一切聽天由命了。盡早判斷情勢，採取最有利的行動。

【重點】歹徒可能因為你的反抗而誤扣板機，你的性命可能不保，最好配合對方的要求不要抵抗。

受槍枝威脅時

①正面遭遇槍枝威脅。

④邊處理敵人的肘關
　節，邊用肘關節痛
　擊敵人的後頭部。

②伺機身體向側邊閃
　開，離開槍口的威
　脅，再用雙手壓制
　槍枝。

③使身體旋轉，纏住敵人
　的手，對付肘關節。

【重點】面對槍口的威脅，高舉雙手表示不反抗，
再伺機反擊。

⑤身體轉回來半圈，反
　折敵人的手腕。

⑥處理手腕的同時踢對
　方的股溝。

⑦再次對手腕施力並摔
　倒敵人。

⑧雙膝夾住敵人的
　手腕，折彎手臂
　奪槍。

　【重點】槍枝犯罪愈來愈多，有必要選擇模擬槍
枝，找熟人一起練習防身術。

被獵槍抵住時

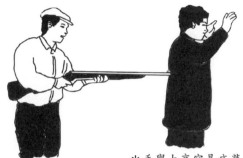

①背後突然一把獵槍抵
　住你的身體，叫你兩
　手舉高，你必須明白
　表示不會反抗。

＊手舉太高容易疲勞、不利反
　擊，上舉到比肩膀高一點的
　位置就好。但是終究還是得
　依照歹徒的指示動作。

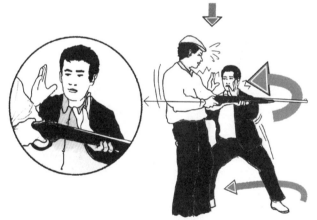

②趁機身體向外側旋轉，
　用手刀招架刀身，避開
　槍口的威脅。

【重點】明白表示不抵抗，不會有立即的生命危
險，但還是要冷靜依照當時的狀況臨機應變。

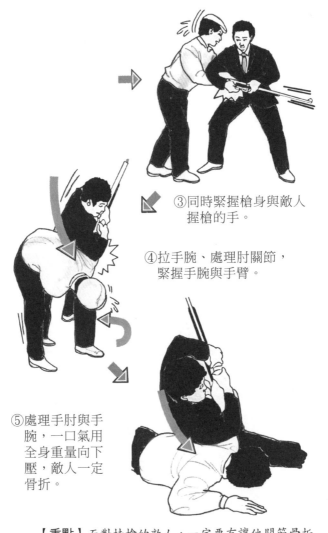

③同時緊握槍身與敵人
　握槍的手。

④拉手腕、處理肘關節，
　緊握手腕與手臂。

⑤處理手肘與手
　腕，一口氣用
　全身重量向下
　壓，敵人一定
　骨折。

【重點】面對持槍的敵人，一定要有讓他關節骨折
的強烈戰鬥力。

這些都是凶器

……身旁的物品突然變成凶器……

◈ 防身方法因凶器而異

傷害人的凶器種類頗多，平常使用的物品被惡人利用就變成了凶器。

徒手攻擊過來的歹徒，也許身上攜帶致命的武器，或利用身邊一些日用品當攻擊武器。你可以隨手利用身旁的物品當防身武器使用。

防身方法因對方手持凶器不同而異，對方拿什麼凶器攻擊？附近是不是有可能成為凶器的物品？戰鬥前應該先認清狀況再決定使用的防身術。

以下介紹可能成為凶器的物品。

◈ 凶器的種類以及可以當成凶器的物品

・刀刃類

登山刀、割刀、切刀、刮鬍刀、剃頭刀、牛刀、廚師刀、劈材刀、剪刀、短刀、日本刀、鐮刀。

・刺物類

錐子、冰錐、螺絲刀、鑿子、鑽頭、弓箭、手杖刀、傘。

・打擊類

木刀、金屬托柄、木製托柄、棍棒、球棒、拐杖、長

棒、角材、鐵管、鐵棒、高爾夫球桿、石頭、擺飾品、花
瓶、鎖。

- 火器類

打火機、香菸火、火材、石油、汽油、火燄瓶、噴霧
器。

- 火藥類

鐵管砲彈、包裹炸彈、鞭炮、炸藥、手榴彈、ＴＮＴ
火藥。

- 藥品類

鹽酸、硝酸、氰化鉀、毒氣（油煙氰、氯氣等等）、
烯、催眠瓦斯、氰化物。

- 拋擲類

天然石、磚瓦、瓶類。

- 槍器類

手槍（長槍、短槍）、空氣槍、來福槍。

- 車輛

轎車、自行車、貨車、傾倒車、特殊車。

【重點】
歹徒可能隨身攜帶武器，也可能隨手拿身邊的物品當凶器。

應付幻影殺手的方法

……無法預期何時何地被襲擊的犯罪……

◇ 紓解自己鬱悶的情緒

最近隨意在路上使用刀刃、石頭、毆打等方式攻擊女性、小孩的事件頻傳，因為不知道何時何處會被襲擊，導致家長每天必須親自接送小孩。

這類犯罪者沒有特定的憎恨的目標，只為了紓解自己鬱悶的心情，無差別攻擊弱者的犯罪，稱為「幻影殺手事件」。和「搶了錢財就跑」不同，這類歹徒以加害他人為樂，他們可能因為對方受輕傷就滿足，也可能以致人於死為目的。

有些例子是在和被害人交談後犯案，絕大部分則是毫無預警的偷襲，令人防不勝防。尤其容易成為目標的多半是女性、小孩、老人等弱者，所以盡量避免往來於人煙稀少的場所。

具備基礎防身術能在遭遇攻擊的時候，將傷害降到最低。

◇ 避開幻影殺手的十項法則

1. 平常教導小孩認識危險人物如何接近。
2. 直覺不對勁，立刻離開。
3. 避免輕易回應陌生人的搭訕，鼓起勇氣以堅決的

態度拒絕。

4. 即使走在熟悉的街道，也應該隨時提高警覺。

5. 傷害弱者比較容易脫逃，所以盡量避免在深夜、清晨獨自步行。

6. 小心手持刀刃、鐵錘、菜刀、棍棒、鐵條、磚塊、石材、繩子等可以當成凶器的人。

7. 車站、公園、天橋的樓梯、月台、水池邊、堤防、大樓屋頂等處，有被推、拋落的危險，必須特別留意。

8. 自行車、機車的犯案通常是在交會之際，用石塊或球棒攻擊，因此當發覺自行車、機車的行動與平常不太一樣時，就要啟動防禦機制。

9. 平時冷靜觀察人的行為舉止，試著發現異常、危險的人物，培養看人的能力。

10. 不要認為自己絕對不會是被攻擊的對象，不論何時何處都應該小心防備。

【重點】即使熟悉的路徑也要隨時保持警戒心。幻影殺手不知何時何地出現，隨時提高警覺最重要。

車輛意外事故與行車糾紛

……遵守交通規則與行車禮節幾乎都可以避免……

◈ 汽車是事故糾紛多的行動凶器

汽車是現代社會的必需品，它帶給我們方便的同時，也潛藏交通事故的危機，甚至可以說車輛是行動凶器。

與車輛有關的意外事故及糾紛隨處可見，違規停車、追撞、超車糾紛、喇叭糾紛等等，一點點小事都會引發危機。

偶爾也會發生汽車不慎落水，駕駛、乘客葬送性命的意外事件，開車的人不知何時何處會面臨什麼樣的問題。

行車糾紛多半起因於駕駛的自私行為，只要遵守交通規則與行車禮儀，幾乎都能夠避免這些事故與糾紛。

有些人一坐上駕駛座，就像變了個人似的，開起車來橫衝直撞的，為了避免各種事故與糾紛，還是謹慎駕駛最重要。

發生行車糾紛的時候，不要隨著對方的挑釁言詞起舞，勿逞口舌之快，以免演變成難以挽回的重大事件。

◈ 準備鐵錘以防溺水事件

在各種車輛意外事故當中，最恐怖的是駕駛誤入水中。車輛一旦落水，非但電動窗打不開，車門也因為水壓而無法開啟。如果未能及時救援，不一會兒就會溺斃。

　　車輛落水後大約有五分鐘的時間飄浮水面上，把握這黃金時刻冷靜應對，幾乎都可以脫離險境。

　　車門因為水的壓力無法開啟，但是在電瓶泡水之前，電動窗應該還有作用。

　　首先試試看可不可以搖下電動窗，無法作用時就想辦法弄破玻璃逃生，在這時候鐵錘就非常有用了，所以車上最好隨時準備一支鐵錘以備不時之需。拐杖鎖在這時候也能夠派上用場。

　　如果無法弄破車窗，就盡量將頭靠近車頂，等待車輛快要滅頂的時刻，這時候車輛內外水壓相同，車門就可以開啟。先深深地吸一口氣，再潛入水中開門脫逃。

　　【重點】車輛落水的時候，把握浮在水上的五分鐘黃金時刻。遵守交通規則和行車禮儀，幾乎都能夠避免行車糾紛和意外事故。

利用車輛犯罪的應對方法

……遇到擄人、綁架怎麼辦？……

◇ 車輛經常被當成犯罪工具

車輛具備機動性和密室的效果，對於計畫犯罪的人而言，是最方便的工具。

強盜、竊盜等犯罪也會使用車輛逃逸，但最恐怖的案件非擄人、綁架莫屬。少女失蹤案件、覬覦保險金的殺人案件、魔幻殺人案件，大多是利用車輛進行犯罪行為。

資產家、女性、小孩容易成為歹徒綁架的對象，但是在犯罪多樣化的今日，任何年齡、性別都有可能成為歹徒綁架的目標。

◇ 被綁架的時候

實際被擄進車輛內的時候該怎麼辦呢？

在沒有生命安全威脅的狀況下能夠盡快逃離是最完美的，太晚下決斷可能葬送寶貴的性命。

被押入車內時一定要大叫「火災！救命！」吸引眾人目光讓歹徒知難而退。

歹徒為了怕曝光、被目擊者看見，一定採取速戰速決的方法，拖長時間會讓歹徒心情焦慮，所以盡量拖延時間阻止歹徒得逞。

甚至有歹徒因為花太多時間而放棄擄人。

雙手雙腳被捉住的時候，全身放鬆軟，像章魚一般五體投地的姿勢，就算體重輕的人也很難輕易的被抬起來，反而是全身用力抵抗、身體硬直的人比較容易被抬起來。

歹徒手持刀刃、槍枝的時候，如果貿然採取敷衍的行動，可能會性命不保，務必冷靜判斷，使用正確的防身術。

◈ 停車引起的各種糾紛

人煙稀少的夜間停車場、地下停車場都屬於危險場所。

大樓地下停車場、高速公路停車場、路邊停車格等等，都會發生各種停車糾紛。尤其人煙稀少的夜間時段、地下室更可能遇到凶惡的歹徒。

歹徒準備周全靠近，被害人在毫無防備的情況下陷入驚慌恐懼中，如果事先有心理準備，就能夠在歹徒襲擊的時候冷靜的面對，仔細觀察對方的動態，採取最佳的防禦方式。

◈ 避免停車糾紛的重點

以下介紹避免停車糾紛的重點。

1. 不論車輛暫停多久，養成隨手鎖門的習慣，隨時注意周遭是否有可疑。
2. 停車遇到可疑份子靠近的時候，不要看對方，若無其事的行車前進。
3. 遇到陌生人敲車窗的時候，如果感覺對方的樣子怪怪的，不要理睬，快速離開。

4. 車輛周圍被數人包圍的時候，立即用行動電話向
　　家人、朋友求助，報警也可以。

5. 發生糾紛的時候，務必緊鎖門窗，視對方的動
　　靜，臨機應變決定對策。

6. 歹徒用棍棒、石頭敲打車窗的時候，立即取下車
　　鑰匙，拔腿就跑，盡可能避免鬥毆場面。

7. 不得已的狀況，使用防身術應戰，放在車上的鐵
　　錘、拐杖鎖也可以發揮武器的威力。

【重點】富機動性的車輛是犯罪者最方便的工具。

‧雙手雙腳被捉住的時候，全身放軟趴在地上。

‧直覺危險立即逃走。如果被押入車內，大喊「失火了！」
吸引他人注意，拖延時間。

‧車內隨時準備鐵錘、拐杖鎖，以備危急時刻當武器使用。

第五章　使用道具的防身術

・緊急時刻發揮效果的防身用具

使用隨身攜帶的物品當武器

……任何物品都可以利用……

◈ 爭取逃跑時間

前幾章都在說明手無寸鐵的基本防身術，但是突然遭遇攻擊，毫無武術底子的外行人，再怎麼應付也有個界線。

關鍵時刻，是否具備防身術的知識，左右著性命的安危。

現在要介紹如何利用隨身物品當武器，為自己爭取逃離危險的時間。

◈ 隨身攜帶的物品當武器

突然遭遇攻擊一定萬分驚慌，這個時候最好手上有什麼物品能夠當成武器使用，助自己一臂之力。其實這類物品並不難找。

活用鑰匙串

例如太陽眼鏡，折疊好握住中央處，利用框架端攻擊對方的顏面、胸部等等。

以露出皮膚的部位為攻擊目標。多活用口袋、皮包裡的物品。

口袋裡有鑰匙就拿出來，用拳頭夾緊鑰匙，將鑰匙尖端露出於手指之間，攻擊對方的要害和臉部。

活用口袋裡的筆

隨時插在上衣口袋的原子筆、鋼筆等文具用品，也是強而有力的武器，拳頭握緊筆的一端，利用另一端猛刺對方的臉部、心窩，雙方扭成一團的時候，也可以猛刺對方的側腹部。

吸菸的人也可以利活用香菸、打火機當防身道具。

點燃的香菸對準對方，能夠使對方心裡混亂，香菸盒的盒角很堅硬，能夠割傷對方的皮膚。

除此之外，手錶、鞋子（要脫就雙腳一起脫，赤腳逃跑）、腰帶等等，可以利用的物品很多。

解下皮帶當武器

【重點】牢記攜帶的物品和使用方法。

活用隨身物品防身

……出乎意料可以當武器使用的物品……

◇ 公事包或手提包的尖角

　　平常攜帶上班的公事包當然不是為了防身而準備，但是在危急時刻拿它來當做武器使用，能夠為自己多爭取一些時間脫逃。

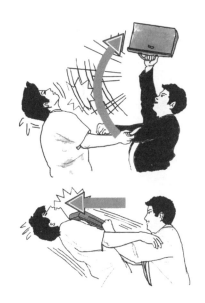

　　雙手緊握公事包或手提包的提把，利用底部或尖角朝著對方的臉部推出或撞擊。肩背包的場合，以背在肩部的肩帶為中心用力揮舞，趁對方踉蹌之際逃脫，或踢他的股溝。

用公事包和皮包堅固的底部、尖角當武器

　　以露出皮膚的部位為攻擊目標。

◆ 皮包裡盡是武器

皮包也是武器的寶庫，很多人習慣隨身攜帶記事本，有些記事本的外框是金屬製，裝訂也很堅固，可以手拿記事本的一端朝對方的臉部推撞或揮舞。

梳子和牙刷也是武器，利用梳子鋸齒狀的部分朝臉頰或額頭畫下去，對方可能皮開肉綻，也可以利用牙刷柄的部分刺對方。

除此之外，口紅、粉餅等等化妝用具、打火機、書本尖角等等，都可以當作物器使用。

公事包手提包內容物都可以當成防身用的武器。

用筆記本的硬角打擊

用髮梳的鋸齒刮

拿口紅戳

假裝從口袋掏錢，
拿出隨身用品攻擊

◇ 雜誌捲成圓筒狀可以當武器使用

通勤途中閱讀的雜誌也是強而有力的武器。

雖然雜誌很薄，但是捲成圓筒狀之後上下就很堅硬了。利用堅硬的部分攻擊對方的心窩、頭部或顏面。

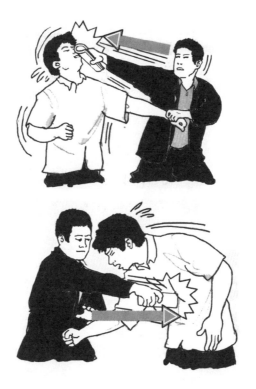

雜誌捲成圓筒狀，撞擊
心窩或打頭、臉

◇ 傘是正式的武器

雨傘是可以壯膽的武器，拿把雨傘走在街道上，內心就篤定許多，就算是摺疊傘也非常有幫助。

不管晴天雨天，隨時在皮包裡放把折疊傘很有用。

摺疊傘

皮包裡隨時攜帶摺疊傘。手握傘柄重擊對方的腹部。雙方扭在一起的時候，用傘柄部分打擊對方的鬢角。

敲落敵人的刀刃，戳大腿，不要攻擊腹部

雨傘可以戳刺、打擊、拉扯，屬於正式的武器

長柄傘

如果前端是尖頭的傘，光是被傘頭指著就倍感威脅了。按鍵式的傘，先將傘頭瞄準對方，抓準時機突然按鍵開傘，這個動作會讓對方嚇一跳，但是從防身的角度來看，它的功效並不大。

首先採取側面姿勢，一隻手握住尖端，用大拇指按住尖頭處不使外露，另一隻手握緊傘柄，突然用雨傘的尖頭戳刺對方的大腿。

握柄部分是吊掛型的長傘，可以用握柄勾住對方的腳脖子，將他拉扯跌倒。

【重點】隨身攜帶物品能夠當成防身武器使用，平時整理時就應該事先確認哪些物品有武器的效果。

・牢記攜帶的物品和使用方法。

・攜帶長柄傘或摺疊傘都可以壯膽，危急時刻還能充當強而有力的武器。

各種攜帶型防身用具

　　……隨手拿著一項防身武器……

◇ 謹慎使用

　　市面上販售多種防身用具。自發生震驚社會的內湖隨機殺童後，引發民眾防身意識高升，亦帶動了許多網路平台購物網，站上防身棍、防狼噴霧、防身警報器等商品，搜尋量及銷量的暴增。

　　必須事先了解攜帶型防身用具的使用方法，才能夠在必要時刻正確的使用。

　　早期習慣用哨子擊退色狼，最近廠商開發出多種正式的防身用器具，這裡簡單介紹幾項產品。

可攜式警報器

　　對付色狼、暴徒用，按下按鈕就會發出聲響，幾乎都是使用電池，所以必須準備備用電池。

催淚瓦斯

　　催淚瓦斯會令人不停的咳嗽、流淚、流鼻水。

　　小型的有鉛筆式、噴槍式，大型的可供店鋪、辦公室使用，威力大小各有不同，也有加入著色劑的催淚瓦斯。

　　在戶外使用的時候要注意風向，自己站在逆風處，噴射距離小型約二至三公尺，大型約四至六公尺。

電擊棒

　　前端電極接觸肌膚的瞬間有高壓電流通過，二十萬伏

特以上的電流在皮革製品、厚西裝外套上能夠發揮威力，但是沒有接觸身體就沒有效果，所以適合雙方纏鬥的時候使用。

彩色噴霧

對著臉部使用，對人體無害，噴出後變成泡沫狀，能夠遮住視線，卻沒有催淚的效果，沾到皮膚會留下印記一段時間，對於追捕犯人很有幫助。

伸縮式警棍

和警察用的專業警棒不同，但也能夠發揮防身的威力。

以鋼材或輕合金為主，可以從二段伸展到四段。

長度各有不同，用力彈出來就固定住，基本使用方式是戳刺，以心窩、喉部為目標。最重要必須配合自己的體型挑選合適的長度，而且多少需要一些訓練。

閃光手電筒

雖然小型，卻比一般手電筒光強上數倍。甚至有一萬燭光的手電筒，被照射的瞬間完全無法睜開眼睛。

小笛子

最輕巧的有效防身用品，雖然沒有哨子大聲，但犯罪者對聲音很敏感，攜帶走路很方便。

【重點】使用催淚瓦斯、彩色噴霧的時候必須注意風向，小心不要噴向自己。彩色噴霧放在皮包裡，哨子、電擊棒放在容易拿取的口袋裡，配合狀況使用。

・依照說明書正確使用，每個月定期預習一次，遇到狀況才能夠冷靜面對。

導引養生功

全系列為彩色圖解附教學光碟

張廣德養生著作　　每冊定價 350 元

輕鬆學武術

太極跤

歡迎至本公司購買書籍

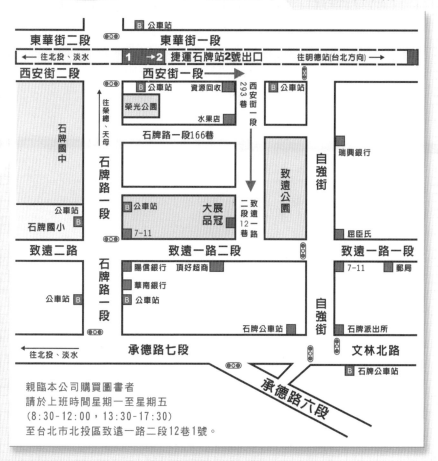

親臨本公司購買圖書者
請於上班時間星期一至星期五
(8:30-12:00，13:30-17:30)
至台北市北投區致遠一路二段12巷1號。

建議路線
1.搭乘捷運
　　淡水信義線石牌站下車，由月台上二號出口出站，二號出口出站後靠右邊，沿著捷運高架往台北方向走(往明德站方向)，其街名為西安街，約80公尺後至西安街一段293巷進入(巷口有一公車站牌，站名為自強街口，勿超過紅綠燈)，再步行約200公尺可達本公司，本公司面對致遠公園。

2.自行開車或騎車
　　由承德路接石牌路，看到陽信銀行右轉，此條即為致遠一路二段，在遇到自強街(紅綠燈)前的巷子左轉，即可看到本公司招牌。

國家圖書館出版品預行編目資料

防身格鬥必勝術／呂峰岱　編譯
——初版——臺北市，大展，2019〔民108.04〕
　　面；21公分——（格鬥術；3）
　　ISBN 978-986-346-243-9　（平裝）
　　1.武術
528.97　　　　　　　　　　　　　　108001939

防身格鬥必勝術

編　　譯／呂　峰　岱

責任編輯／艾　力　克

發 行 人／蔡　森　明

出 版 者／大展出版社有限公司

社　　址／台北市北投區（石牌）致遠一路2段12巷1號

電　　話／(02) 28236031・28236033・28233123

傳　　真／(02) 28272069

郵政劃撥／01669551

網　　址／www.dah-jaan.com.tw

E-mail／service@dah-jaan.com.tw

登 記 證／局版臺業字第2171號

承 印 者／傳興印刷有限公司

裝　　訂／眾友企業公司

排 版 者／千兵企業有限公司

初版1刷／2019年（民108）4月

定　價／260元

大展好書　好書大展
品嘗好書　冠群可期

大展好書　好書大展

品嘗好書・冠群可期